课程思政十法

万军 徐金寿 等 著

内 容 提 要

工欲善其事，必先利其器，为促进课程思政的落实，且兼具"润物无声和春风化雨"的双重效果，需要寻找有效途径和适宜方法。秉持"传承·融合·创新"的理念，本书对课程思政的途径方法作了全方位的研究、梳理与提炼，提出了适合各层面开展课程思政的十种方法，简称"课程思政十法"。结合学校育人特色，在体系构建、师生认知、教学实施、资源建设、评价监控等方面的实践基础上，深入阐释十种方法的根源、目的、原理、应用、案例以及相互关系等，既具有系统思维的视角，又有多层次的具体操作性。

为教学管理人员提供了推进"全覆盖、全过程"课程思政的设计思路，为专业负责人提供了科学构建专业思政体系的逻辑方法，更为一线教师提供了实现"价值塑造、知识传授、能力培养"三位一体的育人"利器"。

图书在版编目（CIP）数据

课程思政十法 / 万军等著. -- 北京：中国水利水电出版社，2022.6
ISBN 978-7-5226-1030-6

Ⅰ.①课… Ⅱ.①万… Ⅲ.①高等学校－思想政治教育－教学研究－中国 Ⅳ.①G641

中国版本图书馆CIP数据核字(2022)第189117号

书　　名	课程思政十法 KECHENG SIZHENG SHI FA
作　　者	万　军　徐金寿　等　著
出版发行	中国水利水电出版社 （北京市海淀区玉渊潭南路1号D座　100038） 网址：www.waterpub.com.cn E-mail：sales@mwr.gov.cn 电话：(010) 68545888（营销中心）
经　　售	北京科水图书销售有限公司 电话：(010) 68545874、63202643 全国各地新华书店和相关出版物销售网点
排　　版	中国水利水电出版社微机排版中心
印　　刷	清淞永业（天津）印刷有限公司
规　　格	170mm×240mm　16开本　12.75印张　172千字
版　　次	2022年6月第1版　2022年6月第1次印刷
印　　数	0001—1000册
定　　价	60.00元

凡购买我社图书，如有缺页、倒页、脱页的，本社营销中心负责调换
版权所有·侵权必究

序

　　高校要培养造就新时代中国特色社会主义事业的建设者和接班人，必须把"立德树人"作为根本任务。习近平总书记在全国高校思想政治工作会议上强调，把思想政治工作贯穿教育教学全过程，所有课堂都要有育人功能，不能把思想政治工作只当作思想政治理论课的事，其他各门课都要守好一段渠、种好责任田。中共中央办公厅、国务院办公厅印发了《关于深化新时代学校思想政治理论课改革创新的若干意见》，教育部印发了《高等学校课程思政建设指导纲要》，要求"教师人人讲育人""课程门门有思政"；非思政类课程全覆盖，形成"课程思政"与"思政课程"同向同行、同频共振的育人氛围。

　　习近平总书记指出："好的思想政治工作应该像盐，但不能光吃盐，最好的方式是将盐溶解到各种食物中自然而然吸收。"这一重要讲话为课程思政指明了方向。因此，课程思政的应然样式与追求境界应该是：教师在不增加学时的前提下，把思政元素润物细无声地融入课程教学，没有思政的痕迹，潜移默化地达到育人目标。

　　目前各级各类学校在推进课程思政的过程中或多或少存在以下四点不足：①"硬切入"：专业课教师与马列学院老师开展互动交流、学习思政理论，在讲专业知识时生硬切换；②"嫁载体"：拍摄"思政课"微视频，在专业课前、课中或课后播放；③"贴标签"：育人元素宏观全面、高大上，专业课程思政理论化；④"样板房"：学校教务部门负责做几门标志性的亮点课程，完成上级布置的任务等流于形式或不正确的途径方法。

浙江水利水电学院的课程思政可以追溯至 2010 年,时年学校根据水利水电特色,提出了"以水育人、以文化人"的人才培养理念,积极探索如何增强专业、课程的育人功能。大胆提出了"非技术能力也应属专业领域培养能力,职业核心能力应进专业、融课程培养"的理论观点,践行"学习知识、培养技能、修炼品德"三位一体人才培养体系,提升大学生的可持续发展核心竞争力。在这一观点指导下于 2012 年提出"软硬技能并重"的教育教学理念,探索将水文化(SWH)蕴含的"水的品质、水利精神"等育人元素融入专业人才培养全过程。基于 OBE 理念,创建了 SWH-CDIO-E 工程教育模式,旨在培养学生具有扎实的工程知识、系统性思维、批判性思维和解决综合问题的能力,同时,促进学生养成优秀的品格素养。这一举措也为现如今推进课程思政先行铺垫了实践基础。

2016 年 12 月 7 日,习近平总书记在全国高校思想政治工作会议上提出了课程思政的要求。2017 年 3 月,学校召开了推动课程思政教学改革专题研讨会,提出了秉持"传承·融合·创新"的课程思政建设理念,传承先行的专业育人、课程育人模式与经验,并与新时代课程思政新要求相融合,创新推出了课程思政的"五大举措"。通过近五年的实践,课程思政建设取得了省级教学研究中心 1 个,省级基层教学组织 2 个,省级示范课程 9 门,省级教学研究项目 8 项,省级课程思政征文教师获奖 3 篇,学生获奖 6 篇等标志性成果。2019 年,学校获浙江省课堂教学创新校,课程思政示范课建设成效被中央电视台《新闻联播》《焦点访谈》栏目关注播出。虽然取得了上述成绩,但总体评价课程思政的普及性与自觉性还不够,教师热情主要是集中在申报课题项目、准备评奖等方面,究其原因除了对课程思政的重要性认识还没有完全到位外,主要是没有掌握课程思政的一些方法。

与作者一起探讨研究认为,方法是为达到某种目标任务而采取的途径、步骤、手段等，要想圆满完成目标任务，必须先解决方法问题。因此，要达成课程思政全覆盖的目标任务，首先需要研究解决课程思政的一套方法，提供给教师借鉴引用。作者正是基于这样一种认识，秉持"传承·融合·创新"的理念，对课程思政的途径方法作了全方位的研究、梳理与提炼，率先提出了适合各层面开展课程思政的十种方法，简称"课程思政十法"。作者在繁忙的工作之余勤于笔耕，想以纸质书的形式固化下来，以飨读者，期待为各级各类学校的课程思政工作做点力所能及的事。

我个人认为课程思政短期内是一种教学工作要求，长效看是教师应该树立的教育教学理念。课程思政是"内生性"的，而不是"外加性"的。要做好"点睛"之笔，以"无声"的力量，起到"润学生心灵"的升华效果。因此，掌握好"度"，选用好"法"就显得尤为重要。尽管课程思政的常态化呈现，前方的路还很长，但我觉得有了《课程思政十法》，就相当于有了课程思政的"路线图"和"指南针"，我们信心满满。

习近平总书记说："山再高，往上攀，总能登顶；路再长，走下去，定能到达。"我想，只要我们有一种为党的教育事业奋斗终生的责任感与使命感，认准方向，掌握方法，坚持不懈，课程思政的预期目标一定会达到！

2022年6月于浙江水利水电学院

前 言

　　课程思政建设是一项长期工作，需要持续不断推进。教育部《高等学校课程思政建设指导纲要》甫一出台，浙江水利水电学院（以下简称浙江水院）即成立课程思政推进工作组，并第一时间推出了《课程思政实施方案》，并在该方案中首次明确提出了"课程思政十法"，作为学校推进课程思政实施的主推措施，对此学校课程思政团队（省级"水文化＋"课程思政教学研究中心）深入开展研究总结，并就此在校外进行了多次研讨交流，在校内进行了十余次解读，实现了学校教学各单位全覆盖。

　　经历了一段时间的实践检验，作者用心梳理，并撰写了这本《课程思政十法》，这是2021年出版的《课程思政指南——以浙江水利水电学院为例》（以下简称《指南》）的姐妹篇，如果《指南》重点是解决课程思政的认识问题，那么《课程思政十法》则提供的是具体实施做法。

　　《课程思政十法》一书由十一章组成，其中第一章绪论是对课程思政十法的概述，"十法"既是十种单独的方法，但也具有体系化的设计和实施，相互具有密切联系。第二章至第十一章分别对"十法"进行单独阐述，每章的内容组成大致为：首先是提出方法的根源和政策支撑，其次是原理和应用的解读，然后是方法应用举例，包含浙江水院的具体案例和表格等资料，最后是附件。

　　"课程思政十法"的提法，由浙江水院教学校长、教育部高校毕业生就业协会核心能力分会会长徐金寿教授牵头提炼，本书各章节具体内容由教学质量与评估中心主任（兼教务处副处长）万军副教授撰写，徐金寿教授给予了精心指导。

  本书在编写过程中，得到了教务处王建军处长、陈健副处长，教务处教研科刘中晓老师，教师教学发展中心周明州老师的帮助和支持，前期得到时任浙江水院各单位负责人的汪一丁、张运涛、李亚慰、黄宾、杜文学、潘宏伟、蔡建平、王伟英、李颖、黄赛花、李增芳、吴秀山、徐高欢等提供初步撰写材料，以及段永刚、张国琴、黄伟朵、沈陆娟等老师为本书提供了案例，在此一并表示感谢。

  《课程思政十法》的出版是浙江水院多年来教学改革实践的成果，是广大师生共同努力的结晶。作者有幸全面参与了学校课程思政建设的设计和推进工作，积累了不少经验和心得体会，随着课程思政进入具体深化实施阶段，希望通过本书的解读、指导和总结，进一步推进课程思政十法的落实，尽可能取得课程思政育人实效。但因作者能力和水平所限，难免有不当之处，敬请广大读者谅解，并不吝提出宝贵的意见和建议。

作者

2022 年 6 月

目 录

序
前言

第一章　绪论 ·· 1
第一节　"课程思政十法"的提出 ·· 1
第二节　"课程思政十法"的体系化构成 ····································· 4

第二章　模式创建法 ··· 7
第一节　人才培养模式承载育人要素 ·· 7
第二节　模式创建是专业思政的关键 ·· 8
第三节　模式创建法的范例解析 ··· 10

第三章　分类建设法 ·· 21
第一节　分类建设法的根源与思路 ··· 21
第二节　分类建设法案例 ··· 25

第四章　红色资源法 ·· 48
第一节　背景目的 ·· 48
第二节　课程思政资源建设 ·· 49
第三节　红色资源法的课程案例 ·· 53

第五章　教学设计法 ·· 58
第一节　根源与目的 ··· 58
第二节　原则与依据 ··· 60

第三节　教学设计法应用实例 …………………………… 63

第六章　显性引导法 …………………………………………… 72
　　第一节　问题和分析 ……………………………………… 72
　　第二节　面向教师的显性引导法应用 …………………… 76
　　第三节　面向学生的显性引导法应用 …………………… 78

第七章　隐性融入法 …………………………………………… 81
　　第一节　背景与方法的提出 ……………………………… 81
　　第二节　隐性融入法应用的两种有效模式 ……………… 83
　　第三节　隐性融入法应用典型案例 ……………………… 89

第八章　信息技术法 …………………………………………… 104
　　第一节　意义背景与提出 ………………………………… 104
　　第二节　信息技术法的理论依据 ………………………… 105
　　第三节　信息技术法的应用 ……………………………… 109

第九章　行走课堂法 …………………………………………… 114
　　第一节　意义背景 ………………………………………… 114
　　第二节　新时代育人的倡导方法 ………………………… 116
　　第三节　行走课堂法应用案例 …………………………… 118

第十章　思政认定法 …………………………………………… 124
　　第一节　主要目的及系统应用 …………………………… 124
　　第二节　课程实施认定及案例 …………………………… 126
　　第三节　其他实施认定材料 ……………………………… 136

第十一章　人才评价法 ………………………………………… 143
　　第一节　目的意义 ………………………………………… 143
　　第二节　模型构建与指标体系 …………………………… 145
　　第三节　人才评价法应用案例 …………………………… 149

附录 ……………………………………………………………… 158

附录一　教学设计法——基于课程思政融入 …………………… 158
附录二　隐性融入法——项目制教学 ………………………… 169
附录三　隐性融入法——"知识＋技能＋态度"三位一体考核 …… 178
参考文献 ……………………………………………………… 188

第一章 绪 论

第一节 "课程思政十法"的提出

课程思政即课程育人,每个学校均有自身的传承和特色,也存在不同盲区和薄弱点,所以课程思政需要坚持"一校一策",浙江水利水电学院秉持"传承·融合·创新"的理念,面向如何进一步深化课程思政建设,切实将《高等学校课程思政建设指导纲要》(教高〔2020〕3号)文件(以下简称《纲要》)落实到位,总结学校长期以来的"水文化+"育人特色,结合十余年对大学生核心能力提升的探索实践,于2020年正式提出了"课程思政十法"。

一、"课程思政十法"列表

"课程思政十法"具体解释在相关专著中已有说明(可见《课程思政指南——以浙江水利水电学院为例》的内容),本书不再介绍,仅在列表中给出简要描述,见表1-1。

表1-1　　　　　　"课程思政十法"列表

序号	方　法	描　　述
1	模式创建法	创建专业思政人才培养新模式
2	分类建设法	构建课程思政分类建设新体系
3	红色资源法	精选思政元素和开发育人资源
4	教学设计法	做好课程思政教学新设计
5	显性引导法	建好课程思政引导课和交流平台

续表

序号	方法	描述
6	隐性融入法	基于隐性思政改革课堂教学方法
7	信息技术法	运用互联网+教学开展线上思政
8	行走课堂法	开展校外红色基地育人活动
9	思政认定法	对开展课程思政的课程进行认定
10	人才评价法	课程思政人才培养评价运作机制

二、"课程思政十法"的解读

"课程思政十法"的提出有着现实意义和明确的作用，以下对其内涵进行挖掘说明。

（一）模式创建法

此处的模式是指"人才培养模式"，教育部最早涉及"人才培养模式"的相关下发文件中，可追溯到1998年的《关于深化教学改革，培养适应21世纪需要的高质量人才的意见》，其中指出"人才培养模式是学校为学生构建的知识、能力、素质结构，以及实现这种结构的方式，它从根本上规定了人才特征并集中地体现了教育思想和教育观念"。由此可见，人才培养模式必然承载着育人内在要素，创建有效育人功能的人才培养模式也是落实专业思政的必需。因此，专业思政关键在于模式创建，专业思政要结合不同专业人才需求特点，突出对核心素养的育人要求，创建各具特色的人才培养新模式，从而提升育人成效。

（二）分类建设法

《纲要》指出要"分类推进课程思政建设"，我们在具体实施中不但要"结合专业特点"，还要结合"课程性质"，如按通识课、专业课、实践课等分类。通识课往往具备课程思政元素植入的良好内容基础，所以适合开展重点建设专项特色课程，如浙江水院开展的"大学生写作与沟通""中国水文化概论""大学生核心素养导论"

等课程；专业课重点在基于 OBE 理念，从专业人才培养目标出发，对接课程目标中的主要思政元素，形成思政元素的专业支撑，实现专业思政系统化；实践课可重点在载体育人，构建校内外良好育人载体，提升学习体验、学习效果，强化知行合一。

(三) 红色资源法

所谓红色资源法，就是要进行课程思政资源库建设。从内容层面，可以有案例、视频、图文等资料；从应用层面，可以建立校、院、专业、课程不同级别的资源库。

(四) 教学设计法

"显性设计、隐性施工"是切实保证课程思政实效的法门。因此基于课程思政的教学也需要提前认真设计好，避免"随口秀"，这是做好课程思政教育的基本前提。

(五) 显性引导法

师生认知与共识是教学实施达成的关键，有必要在师生中开展针对性的培训和讲座。教师是课程思政的主力军，以"立德、明理、获技"为目标。立德在于坚定理想信念、提升品格涵养；明理在于理解思政内涵和德育要素；获技在于提升挖掘德育元素和掌握基于课程思政的教学设计，从而提升课程思政能力。对学生而言，引导学生以"信仰、态度、相助、诚信、感恩、情怀"等核心价值观涵养自己，开展重视、关注做人做事的显性教育，与专业课中的隐形教育结合，形成显性、隐性双发力，能更好激发内生动力、强化正向认识。

(六) 隐性融入法

课程思政强调润物无声、自然融入，这是效果的要求，体验式教育和养成教育可以很好地达成这一需求。结合浙江水院的教学改革特色，主推项目制教学和"知识＋技能＋态度"三位一体考核。项目制教学即为体验式教育。"知识＋技能＋态度"三位一体考核是实现养成教育载体之一。

（七）信息技术法

课程思政信息化实施方法和手段是新时代教育信息化的必然需求。主要可从三个方面入手：一是信息化辅助，二是信息化平台应用，三是信息化互动组织。

（八）行走课堂法

行走课堂法古来有之，"知行合一"是大学生素质教育历来倡导的有效形式。结合学校服务地区经济和行业的人才培养定位，浙江水院有长期开展该法的实践经验。

（九）思政认定法

课程思政认定法是对课程思政的"做"与"没做"的判断认定，是浙江水院创新采取的一项重要的特色做法。通过该法的应用，可以推进多层面落实课程思政实施，更重要的是提供了课程思政全覆盖落实的佐证依据。

（十）人才评价法

人才评价法既是一定程度判断课程思政"做的程度"，以及衡量对人才培养的成效贡献度的方法，也是对其他九法应用达成情况实现闭环反馈，进行持续改进的"控制器"。

第二节 "课程思政十法"的体系化构成

"课程思政十法"是浙江水院提出的，作为推进课程思政深化实施的十点特色做法，看似分散独立，其实是经过一定的全方面构思设计的，具有操作层面的系统性。我们可以从教学管理者的角度来看其系统化构成，具有五方面设计和五层次实施的特征。

一、"课程思政十法"的系统设计

"课程思政十法"针对体系构建、师生认知、教学实施、资源建设、评价监控等五方面，这五方面是来源于问题导向的课程思政

第二节 "课程思政十法"的体系化构成

建设自我分析。结合学校实际情况，可梳理出 5 个问题，即：课程思政的认识提升？课程思政的体系构建？课程思政实施的方法？课程思政的资源建设？课程思政的评价监控？"课程思政十法"及其针对性解决问题的方法和途径，具体如图 1-1 所示。

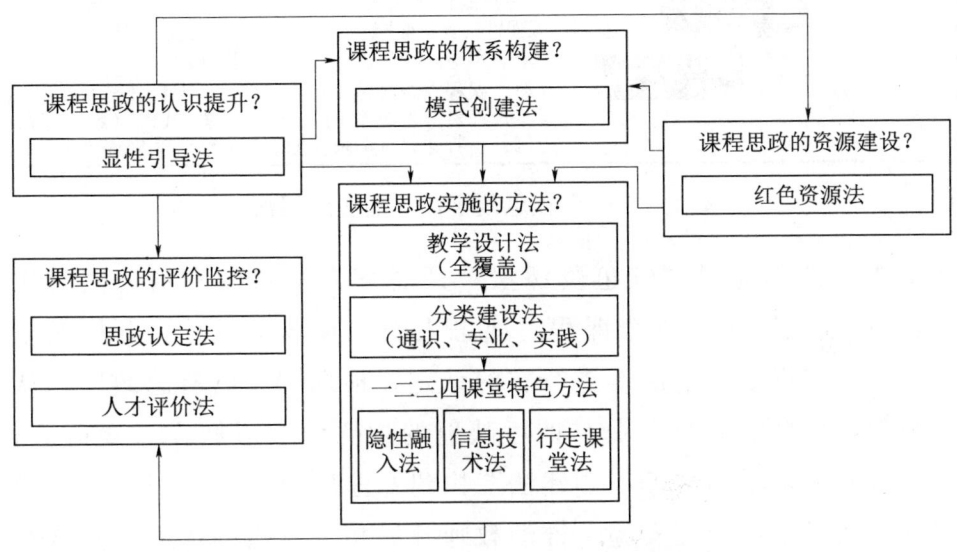

图 1-1 "课程思政十法"的系统图

二、"课程思政十法"的五层次实施

（一）五层次实施

课程思政实施可以从"一般课程、示范课程、专业、学院、学校"等五个层次开展，具体如图 1-2 所示。

（二）"课程思政十法"的操作分类

"课程思政十法"由学校、学院、教师的不同主体来开展，从一般教师的角度看，更关注在所授课程中的应用。针对此，课程思政十法有着不同的动作要求，可以分成下面三类。

1. 必做动作

对于每一位教师来说，课程思政十法中的必做动作为模式创建法、红色资源法、教学设计法、思政认定法。依据课程思政全覆盖

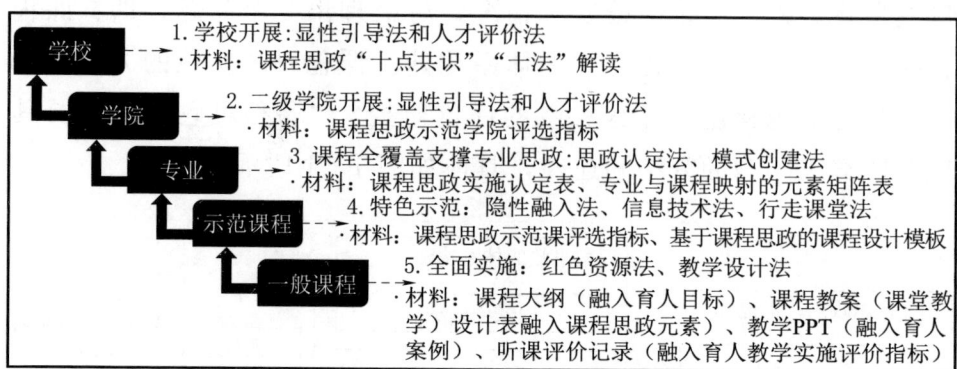

图1-2 "课程思政十法"的实施层次

的要求，课程通过"红色资源法"开展育人材料的准备；同时用"教学设计法"完成结合课程思政融入的课堂教学设计；开展教学实施后用"思政认定法"进行实施认定，根据"门门有思政"的认定材料，提炼汇集成专业与课程映射的主要课程思政元素矩阵表；在此基础上，采用"模式创建法"构建专业思政模式。浙江水院通过文件要求二级学院实施，推动教师开展相关方法的落实，并进行定期检查。

2. 选做动作

教师可根据教学实际需要选择使用隐性融入法、信息技术法、行走课堂法等针对课堂教学的课程思政方法。

3. 被动动作

被动动作是由学校推动的方法，包括显性引导法和人才评价法，教师无选择。

第二章 模式创建法

专业是人才培养的基本单元和基础平台，人才培养模式是落实专业思政的关键，也是课程思政体系构建的系统呈现，是实现育人合力的枢纽。模式创建法就是要构建德才兼备的专业人才培养模式，好的模式应具备突出的专业思政效果，并秉持鲜明的本校育人特色。本章将对此做一定深入阐述，且以浙江水院为例，解读学校如何将水文化（SWH）蕴含的德育元素——"水的品质、水利精神"融入专业人才培养全过程，创建 SWH-CDIO-E 工程教育模式。

第一节 人才培养模式承载育人要素

一、模式基本定义

"模式"是结构主义用语，一般指标准样式，亦作"范型"，即作为范本、模本、变本的式样，可用于从理论到实践的中介，具有一般性、简单性、重复性、结构性、稳定性、可操作性的特征。

二、人才培养模式的提出

关于"人才培养模式"概念的提出，最早可见于1983年《高等教育研究》刊登的文章《改革人才培养模式，按学科设置专业》（作者：文育林），其内容是如何按学科能力需求推进工程教育改革。近几十年，人才培养模式成为研究高等教育改革的热点，但其表述各有不同，有"教育过程总和说""人才培养过程模型说"

"教育运行方式说"等,但均认同"一定教育思想指导下的人才培养模式才有意义",人才培养模式是教育思想的具体化,是实现培养目标所设计形成的某种标准构造样式和运行方式。教育部最早涉及"人才培养模式"的相关下发文件中,可追溯到1998年的《关于深化教学改革,培养适应21世纪需要的高质量人才的意见》,其中指出"人才培养模式是学校为学生构建的知识、能力、素质结构,以及实现这种结构的方式,它从根本上规定了人才特征并集中地体现了教育思想和教育观念"。

立德树人是新时代教育的根本任务,因此人才培养模式也必然承载着育人内在要素,创建有效育人功能的人才培养模式成为有效落实专业思政的必需。

第二节 模式创建是专业思政的关键

专业思政要结合不同专业人才需求特点,突出对核心素养的育人要求,创建各具特色的人才培养新模式,提升专业、课程的育人成效。

一、课程思政与专业思政的关系

教育部《关于加快建设高水平本科教育全面提高人才培养能力的意见》(教高〔2018〕2号),即"新时代高教40条",其中第9条明确了课程思政与专业思政的关系:"在构建全员、全过程、全方位'三全育人'大格局过程中,着力推动高校全面加强课程思政建设,做好整体设计,根据不同专业人才培养特点和专业能力素质要求,科学合理设计思想政治教育内容。"这就具体阐述了学校、专业、课程在育人中的相互关系,要在学校育人的大格局下,开展专业思政体系的整体设计。如图2-1所示,课程思政需要纳入专业思政中一体科学设计,结合专业特点,高效发挥好"专业课""通识课""思想政治课"的育人功能,实现同向同行。人才培养模式的构建要充分考虑上述内容。

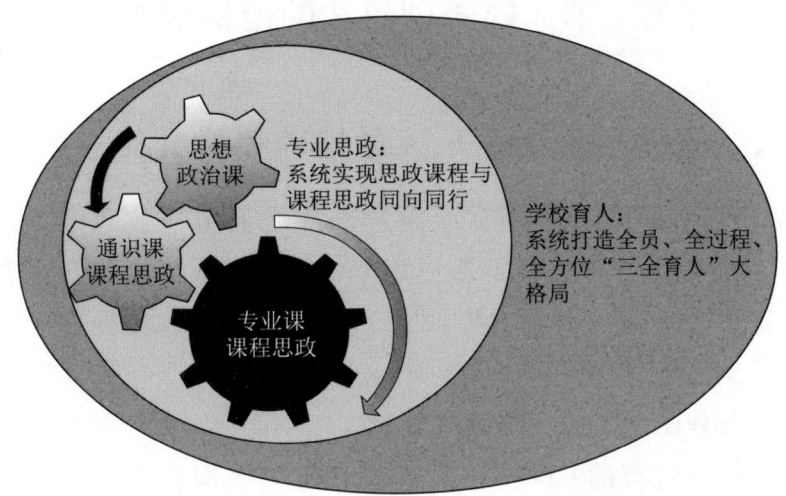

图 2-1　学校、专业、课程的育人关系

二、基于 OBE 理念的课程思政合力形成

如何较好地将课程思政纳入专业思政体系,形成学校、专业、课程的有效育人合力?可以基于 OBE 理念,从工程教育认证落实角度,解析学校、专业、课程间的目标达成中的育人元素一致性,从而提炼每一门课程的主要育人元素,使其与专业培养目标中的育人元素和学校定位的特色育人元素形成"正向对接、逆向支撑"的关系,如图 2-2 所示。

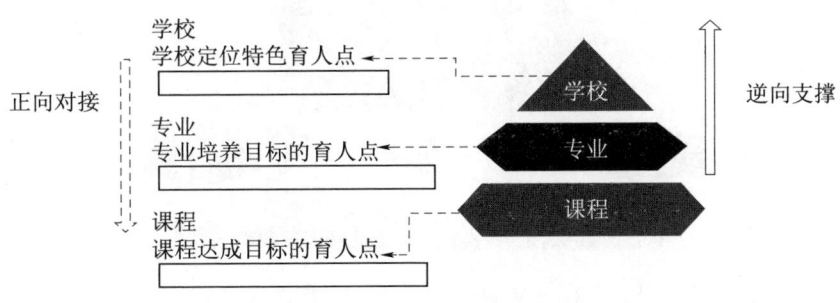

图 2-2　育人元素提炼方法

第三节 模式创建法的范例解析

一、SWH-CDIO-E 人才培养模式介绍

SWH-CDIO-E 是浙江水院创新提出的工程教育模式，始于 2010 年，持续主推了长达十多年之久，并以此成体系化开展教学改革，取得了一系列的教学成果，是一个以模式创建法推进专业思政的成功案例。

（一）SWH-CDIO-E 模式解读

基于国际流行的 CDIO 工程教育理念（美国麻省理工学院、瑞典皇家学院），浙江水利水电学院以此结合学校多年积淀的"水文化"育人特色，以及 OBE 的持续改进教育理念，创新提出了本土化的 SWH-CDIO-E 工程教育模式，如图 2-3 所示。该模式历经了 CDIO→SWH-CDIO→SWH-CDIO-E 的持续改进过程，提炼了"一个愿景、一个能力大纲、九条标准"的核心要素。

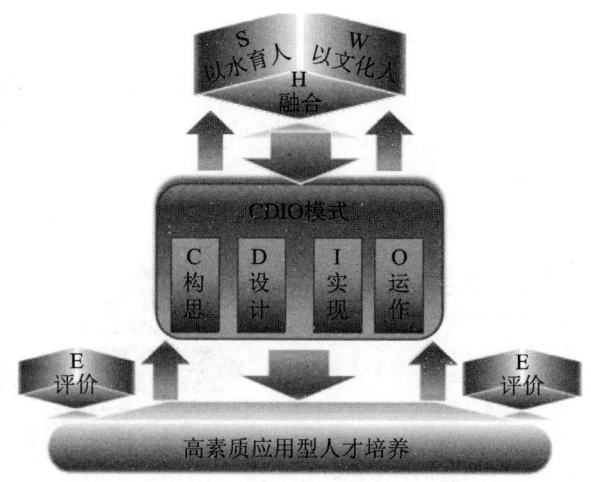

图 2-3 SWH-CDIO-E 模式示意图

SWH 为水文化的汉语拼音首字母；CDIO 为构思（Conceive）、

设计（Design）、实现（Implement）和运行（Operate）的英文首字母；E为评价（Evaluation）的英文首字母。

在人才培养过程中，将"水的精神、水的品质"为核心的"软技能"与CDIO培养的工程专业"硬技能"相结合，以结果评价为导向反馈，形成持续改进的人才培养闭环。基于软硬技能并重培养，通过搭建"四大能力"平台，构建"三个体系"予以实现，并将育人职能贯穿人才培养全过程。实现了"以水育人、以文化人"，达成了高素质应用型人才培养目标。先后在12个本科专业、6个专科专业中进行实施，见表2-1，取得了显著的成效，产生了广泛的示范辐射作用。

表2-1　主推SWH-CDIO-E人才培养模式的本科专业汇总

序号	专业名称	SWH-CDIO-E人才培养模式凝练
1	水利水电工程	基于SWH-CDIO-E工程教育理念的"1线2化4融合"的水利应用人才培养模式
2	港口航道与海岸工程	
3	道路桥梁与渡河工程	基于人格本位的全面、全程、全员"三全"SWH-CDIO-E应用型人才培养模式
4	土木工程	构建以学生实践能力和职业创新能力培养为主线，基于校企深度融合、实际工程项目为载体的SWH-CDIO-E土木类专业群人才培养模式
5	电气工程及其自动化	"一主、两合、四能、五化"的SWH-CDIO-E电气专业群人才培养模式
6	新能源科学与工程	
7	自动化专业	
8	机械设计制造及其自动化	"3+1"型SWH-CDIO-E人才培养模式
9	车辆工程	"1目标+2模块+4能力"的SWH-CDIO-E人才培养模式
10	材料成型及控制工程	"1目标+2方向+3测评+4能力"的SWH-CDIO-E人才培养模式
11	软件工程	"一主线、三阶段、六位一体"产教融合、协同育人的SWH-CDIO-E人才培养模式
12	物联网工程	"一依托、两兼通、三融合、四层次"的SWH-CDIO-E应用型人才培养模式

(二)"四大能力"平台、"三个体系"

基于软硬技能并重培养,进行"能力·课程·场所"一体化设计。搭建"四大能力"平台,即职业核心能力(软技能)平台、工程基础能力平台、专业基本能力平台、专业综合能力平台。职业核心能力平台对接全国职业核心能力认证项目(简称"CVCC项目");工程基础能力平台由学校层面搭建;专业基本能力平台和专业综合能力平台主要由各二级学院专业层面搭建。各专业统一的一级能力指标4项,二级能力指标20项左右。

构建"三个体系"是指构建以能力为取向的知识教育体系、以实践为导向的全程能力培养与测评认证体系、以素质为取向的软技能养成教育体系。

(三)全程能力培养与测评认证

为确保全程能力培养不断线,基于"四大能力"平台,进行"能力·项目·标准"一体化体系设计。依据各级能力指标,设计典型的能力训练项目,选用国内或自定校内认证标准。学生自主选定每个学期1~2个能力项目进行测评认证,全部能力项目通过合格者,可增发"能力证书",使得毕业学生有"三证"(毕业证、学位证、能力证),其中,"能力证"由教务处发放。教务处发文制定了各专业《全学程能力培养与测评认证体系实施方案》,电气工程学院、水利与环境工程学院开发了"全程能力测评认证系统",该系统具有分专业构建测评认证标准、支持多人同时在线练习与测评、可实现一人一卷、即时反馈测评结果等优点。

二、SWH-CDIO-E与课程思政的关联解析

(一)SWH所蕴含的育人特色

SWH-CDIO-E模式实施的育人内涵体现于"SWH",是浙水院秉持课程思政的特色浓缩,"SWH"除了意指的水文化外,还含有浙江水院的"以水育人、以文化人"的特色做法。

"以水育人"的特色,在于学校以水为名、因水而兴,自带中华优秀水文化传承基因,且不断植入时代精神,以此贯穿育人全过程,见表2-2。所有专业开设"中国水文化概论"特色校本课程。

表2-2　　　　SWH 蕴含育人基因谱系与红色根脉

时　间	育人基因	内　　涵
公元前2000多年	大禹精神	公而忘私,忧国忧民的奉献精神,艰苦奋斗、坚韧不拔的创业精神,尊重自然、因势利导的科学精神
公元前200多年	都江堰精神	充分利用自然资源为人类服务,变害为利的生态工程,实现人水和谐理念
20世纪60年代	红旗渠精神	自力更生、艰苦创业、团结协作、无私奉献
1998年	抗洪精神	万众一心、众志成城、不怕困难、顽强拼搏,坚韧不拔、敢于胜利
2016年	勇立潮头精神	习近平对"浙江精神"的概括——"干在实处、走在前列、勇立潮头"。勇立潮头的弄潮精神就是开拓进取、敢为人先的弄潮之勇气

"以文化人"的特色,在于学校因学科专业以工科为主而体现"偏硬"特征,因此特别注重"软硬并重"的培养,强调"硬中补软",以软能力贯穿培养全过程,从而形成突出"核心素养"培养的做法,以此为支撑要素,开展专业人才培养模式构建。各专业开设"大学生核心素养导论"课程。

(二) CDIO 大纲中的课程思政特征元素

1. CDIO 模式通用大纲分析

CDIO 代表构思(Conceive)、设计(Design)、实现(Implement)和运作(Operate),它以产品研发到产品运行的生命周期为载体,让学生以主动的、实践的、课程之间有机联系的方式学习工程。CDIO 培养大纲将工程毕业生的能力分为工程基础知识、个人能力、人际团队能力和工程系统能力四个层面,大纲要求以综合的培养方式使学生在这四个层面达到预定目标。

共计 70 条二级纲要中，其中 34 条直接适合作为课程思政的融入点，占比约 47.2%，主要集中在个人能力和人际团队能力中，具体见表 2-3。

表 2-3　CDIO 通用标准中课程思政融入点一览

序号	名称	一级纲要	二级纲要	课程思政融入点
1	技术知识和推理能力	基础科学知识		
		核心工程基础知识		
		高级工程基础知识		
2	个人职业技能和职业道德	工程推理和解决问题	认识和系统表述问题	
			建立模型	
			判断和定性分析	
			带不确定性因素分析	
			解决方法和建议	
		实验中探寻知识	建立假设	
			查询相关书刊或者电子文献	
			实验探索	
			假设检验和论证	
		系统思维	整体思维	√
			系统内的紧急性和互交性	√
			确定优先级和焦点	√
			决议时权衡、判断和平衡	√
		个人技能和态度	主动和愿意冒险	√
			执着与变通	√
			创造性思维	√
			批评性思维	√
			自省个人的知识、技能、态度	√
			求知欲和终身学习	√
			时间和资源的管理	√

第三节 模式创建法的范例解析

续表

序号	名称	一级纲要	二级纲要	课程思政融入点
2	个人职业技能和职业道德	职业技能和道德	职业道德、正直、责任感和负责任	√
			职业行为	√
			主动规划个人职业	√
			与世界工程界保持同步	√
3	人际交往技能：团队协作和交流	团队精神	组建高效团队	√
			团队工作运行	√
			团队成长和演变	√
			领导能力	√
			技术协作	
		交流	交流战略	√
			交流结构	√
			写作交流	√
			电子和多媒体交流	√
			图表交流	√
			口头表达和人际交流	√
		外语交流	英语	
			其他欧洲语言	
			其他外语	
4	企业和社会的构思、设计、实现和运行（CDIO）系统	外部和社会环境	工程师的角色和责任	√
			工程界对社会的影响	√
			社会对工程界的规范	√
			历史和文化环境	√
			现时的焦点和价值观	√
			发展全球观	√
		企业及商业环境	认识不同的企业文化	√
			企业策略，目标和计划	
			技术创业	

续表

序号	名称	一级纲要	二级纲要	课程思政融入点
4	企业和社会的构思、设计、实现和运行（CDIO）系统	企业及商业环境	成功地在一个团队中工作	√
		构思与工程系统	设立系统目标和要求	
			定义功能，概念和体系结构	
			系统建模并确保目标可能达成	
			项目发展的管理	
		设计	设计过程	
			设计过程分期与方法	
			设计中对知识的利用	
			学科专业设计	
			跨学科专业设计	
			多体综合设计	
		实施	设计实施的过程	
			硬件制造过程	
			软件实现过程	
			硬件、软件的结合	
			测试、验证、认证以及取得证书	
			实施过程管理	
		运行	设计和优化操作	
			培训及操作	
			支持系统的生命周期	
			系统改进和演变	
			弃置处理与产品报废问题	√
			运行管理	

2. SWH-CDIO-E模式大纲分析

浙江水院提出的SWH-CDIO-E模式（2017版），提炼了"一个愿景、一个能力大纲、九条标准"的核心要素。与流行的

CDIO通用大纲不同，浙江水院结合自己的育人特色，将工程毕业生的能力分为工程知识和逻辑推理能力、软技能、硬技能三个方面，共计49条二级纲要中，其中24条直接适合作为课程思政融入点，占比约46.2%，主要集中在软能力中，具体见表2-4。

表2-4　SWH-CDIO-E标准中课程思政融入点一览

序号	名称	一级纲要	二级纲要	课程思政融入点
1	工程知识和逻辑推理能力	基础科学知识		
		核心工程基础知识（由具体专业确定）		
		高级工程基础知识（由具体专业确定）		
2	软技能（各专业通用）	人文精神	强调以人为本，重视人、尊重人、关心人、爱护人	√
			传承中华民族的优秀文化素养	√
			培养真诚善良的社会情感	√
		态度与习惯	柔而隐则于内的谦虚态度	√
			奔流不息的人生追求和终身学习	√
			滴水穿石的坚韧毅力	√
			融会贯通的解决问题能力	√
			以柔克刚的创新应变能力	√
			细水长流的自我管理能力	√
		职业道德	献身、负责、求实的职业精神	√
			主动规划个人职业生涯	√
			工程对社会的影响	√
		交流表达	口头表达和人际交往	√
			书面表达和函件交流	√
			技术文本和图表交流	√
			电子和多媒体交流	√
			外语交流	

续表

序号	名称	一级纲要	二级纲要	课程思政融入点
2	软技能（各专业通用）	团队合作能力	团队精神与技术协作	√
			团队责任与主动工作	√
			团队沟通与冲突处理	√
			团队领导力	√
3	硬技能（由各专业细化）	个人职业技能	工程推理和解决问题	
			实验和发现知识	
			系统思维	√
			查询相关书刊或者电子文献	
		在企业和社会环境下构思（Conceive）工程产品、过程和系统	认识外部和社会背景环境	√
			重视不同的企业文化	√
			设立系统目标和要求	
			定义功能，概念和结构	
			系统建模并确保目标实现	
			开发项目的管理	
		在企业和社会环境下设计（Design）工程产品、过程和系统	设计过程	
			设计过程分段与方法	
			知识在设计中的利用	
			单学科专业设计	
			多学科专业设计	
			多目标设计（DFX）	
		在企业和社会环境下实现（Implement）工程产品、过程和系统	设计实施的过程	
			硬件制造过程	
			软件实现过程	
			软件、硬件集成	
			测试、证实、验证及认证	
			实施过程管理	

第三节 模式创建法的范例解析

续表

序号	名称	一级纲要	二级纲要	课程思政融入点
3	硬技能（由各专业细化）	在企业和社会环境下运行（Operate）工程产品、过程和系统	设计和优化操作	
			运行的设计和优化	
			支持系统的生命周期	
			系统改进和演变	
			弃置（产品或系统）生命终结问题	√
			运行管理	

三、SWH-CDIO-E模式的实施历程与发展

（一）SWH-CDIO-E模式的实施历程

浙江水院开展SWH-CDIO-E实践的十余年，也是浙江水院不断推进课程思政的十年。

第一阶段（2010年3月至2016年12月）：课程育人探索与实践阶段。2010年5月25日学校邀请专家做CDIO的推广报告，随后，学校全面启动CDIO模式改革实践，并从初步探索到发展成熟，形成特色。

第二阶段（2017年1月至2020年5月）：结合课程思政落实推进阶段。2016年12月7—8日，全国高校思想政治工作会议召开，随后学校召开"课程思政"教学落实会议。在深刻理解了"课程思政"概念之后，SWH-CDIO-E模式的育人内涵和特色举措与"课程思政"融合统一，同时该模式改革实践取得丰富成果。学校2020年召开总结大会，统计数据表明开展CDIO相关教改项目近200项，其中以CDIO为题目近50项，学校荣获CDIO相关教学成果奖近50项，其中省级及以上教学成果奖6项。

第三阶段（2020年6月至今）：全面深化发展新阶段。教育部《高等学校课程思政建设指导纲要》发布后，学校推行了深化课程

思政建设一系列措施，提出了"课程思政十法"，其中一法即为模式创建法。结合课程思政不断挖掘和提升，对于 SWH-CDIO-E 的育人内涵有了新的认识，并将之作为专业思政的范式。

（二）SWH 的再提炼——"水文化+"育人元素和育人目标

在过去的十余年时间中，浙江水院聚焦在 SWH，不断翻新、挖掘、再生。提炼出"水文化+"课程思政元素（核心素养），包含六项必备品格、八种关键能力，是新阶段对"以文化人"的补充，如图 2-4 所示。

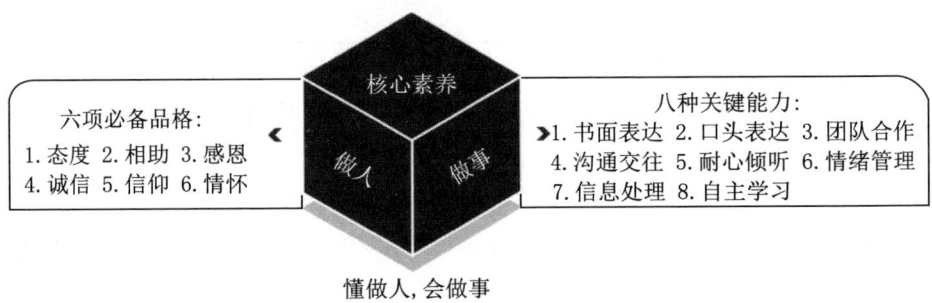

图 2-4 "水文化+"课程思政元素

将育人达成目标以水的品质和精神进行具象描述，涵盖"态度、能力、品质、精神"四个方面，是新阶段对"以水育人"的提升，如图 2-5 所示。

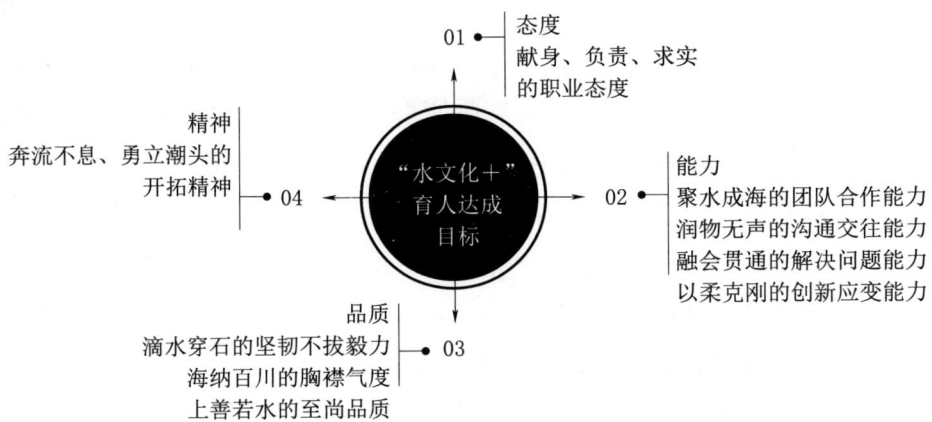

图 2-5 "水文化+"课程思政育人达成目标的具象描述

第三章 分类建设法

第一节 分类建设法的根源与思路

一、方法提出的来源

《高等学校课程思政建设指导纲要》（教高〔2020〕3号）强调"要科学设计课程思政教学体系"时，具体从"公共基础课程""专业教育课程""实践类课程"三类提出建设要点；还提出"结合专业特点分类推进课程思政建设"，具体分七类进行了指导；由于以上内容主要针对本科以上教育，因此最后补充"高等职业学校要结合高职专业分类和课程设置情况，落实好分类推进相关要求"。由此可见在课程思政建设中，依据一定规律而开展分类、分层、分级的分解推进，是十分有效且普遍采用的系统工作方法，"分类建设法"即源于此。

二、分类建设法与系统思维

人才培养是一项复杂的系统工程，系统思维作为20世纪中叶以来兴起的一种科学的思维方法，可以为实现思政课程提供理论方法。教育部提出"坚持'四个相统一'全面推进课程思政建设工作"。四个相统一即：知识传授和价值引领相统一、显性教育和隐性教育相统一、统筹协调和分类指导相统一、总结传承和创新探索相统一。这充分说明了课程思政建设具备一般系统的多样性、相关性和一体性，这就决定了系统思维可以有效地运用于课程思政，"分类建设法"就是具体方法之一。

在系统思维视域下，把握好整体性、结构性、综合性等几方面认识，有助于更好地推进思政课程，分别简单剖析如下。

（1）整体性。根据系统思维的科学观点，课程思政必须在"德才兼备"的整体观下，坚持"四个相统一"的分析和综合，从而实现从整体上认识和局部上解决问题的结合。

（2）结构性。人才培养课程体系具有结构性特征，融于其中的课程思政必然有其体系结构性，同时基于认识方法论的基本要求，也必然要树立系统结构的观点，如在教学具体实践活动中，教师、教材、教法、目标、评价等结构要素缺一不可，我们需要紧紧抓住系统结构的每一个中间环节，去认识和把握具体课程思政实践活动中各种系统的要素和功能的关系，且努力创造优化这一结构，实现课程思政体系最佳功能，如图3-1所示。

（3）综合性。系统思维方式的综合，要求我们在考察课程思政时要从纵横交错的各个方面的关系和联系出发，从整体上综合地把握育人实效。

"系统综合程序"是：综合→分析→综合，相互之间存在着反馈，是双向思维。分类建设法要求从"德才兼备人才培养"的整体出发，逻辑起点是"立德树人"，并将之贯穿于思维逻辑进程的始终，要在这一育人思想的指导和统摄下进行分析，然后再通过逐级次综合而达到总体育人综合。这需要我们基于"三全育人"大局育人观基础，系统地、综合地推进课程思政，着眼于全局来认识和处理各种矛盾问题，达到立德树人最佳化的总体目标。因此，"分类建设法"正是在这一系统思维的观念下开展应用的，从而高效推进课程思政。

三、分类建设法的应用

遵循系统思维，浙江水院推行分类建设法，采取"点面结合、

第一节　分类建设法的根源与思路

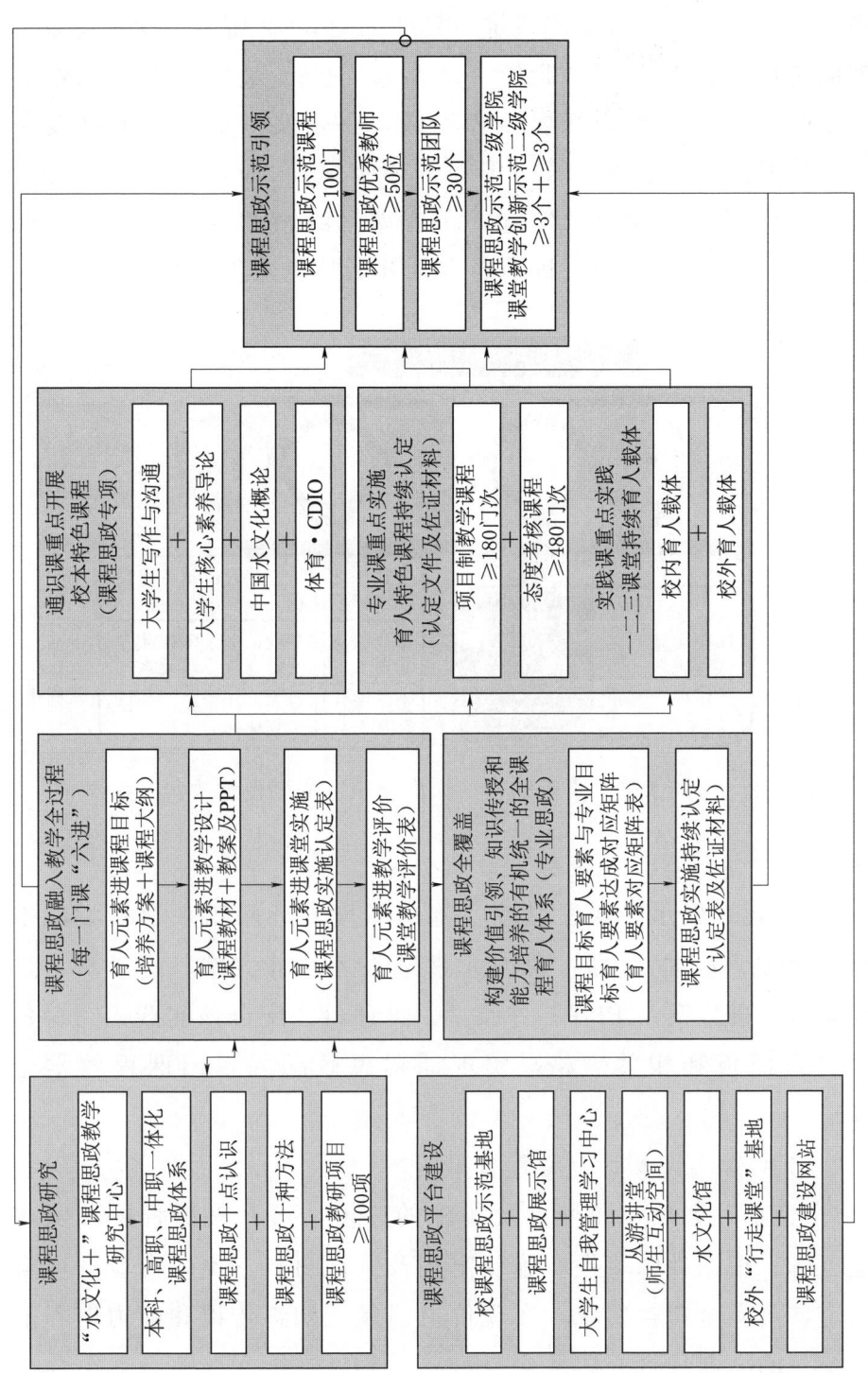

图 3-1　浙江水院课程思政建设体系示意图

纵横交织"的课程思政实施系统,具体如图3-2所示。课程思政的主阵地是所有课程,课堂是第一主战场,育人最终落实在课堂教学,专业所有的课程均开展课程思政,是落实专业思政的必要条件。学校据此以"点面结合"形式开展实施,"面"即为立足专业层面,学校围绕课堂教学实施,所有课程纵横双向推行课程思政"全过程、全覆盖";"点"即有重点地开展特色课程实践。

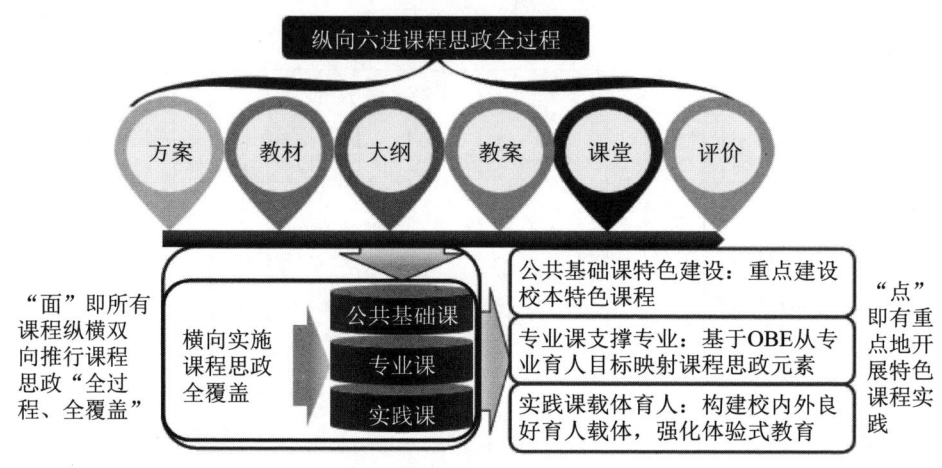

图3-2 浙江水院"点面结合、纵横交织"的课程思政实施系统

1. 纵向推行课程思政融入教学全过程

"全过程"聚焦于课程思政实施的深度,近两年来学校尝试推行课程思政"六进",即:育人元素进人才培养方案、进教材、进课程大纲、进教案及PPT、进课堂、进评价;配合该实践,完善各教学材料模板和相关表格,实现课程思政融入每门课程教学全过程。

2. 横向落实课程思政全覆盖

"全覆盖"聚焦在课程思政实施的广度,可开展课程思政实施认定工作。根据教师填报实施认定表及佐证材料,由各专业开展实施认定,落实全覆盖要求,实现价值引领、知识传授和能力培养的有机统一的全课程育人体系。

3. 分类开展特色实践

"点面结合"除了上述统一层面上"必做动作",还针对通识课、专业课、实践课分类推进课程思政,重点开展"选做特色动作"。如通识课重点建设四门校本特色课程;专业课重点持续开展项目制教学、"知识+能力+态度"三位一体考核等特色实施课程认定;实践课重点实践校内外育人载体有效构建。

第二节 分类建设法案例

以下从公共基础课程和专业教育课程两方面,以浙江水院推行分类建设法为例。

一、公共基础课程建设重点

《高等学校课程思政建设指导纲要》(教高〔2020〕3号)针对公共基础课程强调:要重点建设一批提高大学生思想道德修养、人文素质、科学精神、宪法法治意识、国家安全意识和认知能力的课程,注重在潜移默化中坚定学生理想信念、厚植爱国主义情怀、加强品德修养、增长知识见识、培养奋斗精神,提升学生综合素质。打造一批有特色的体育、美育类课程,帮助学生在体育锻炼中享受乐趣、增强体质、健全人格、锤炼意志,在美育教学中提升审美素养、陶冶情操、温润心灵、激发创造创新活力。因此,除了规定的思想政治类课程外,针对公共基础课,浙江水院实施"一单位一重点"计划,每个公共教学单位重点建设一门校本特色课程,分别有"大学生核心素养导论""大学生写作与沟通""体育·CDIO""中国水文化概论"等。

(一)大学生核心素养导论

1. 育人元素挖掘及课程目标

(1) 课程背景分析。浙江水院主推 SWH-CDIO-E 工程教育模式，提出培养上手快、后劲足的"德才兼备"的应用型人才，实施软硬技能并重培养的策略，推行全程融入职业核心能力（软技能）。但不少大学生往往忽视可持续发展潜能的养成，此课程是培养职业核心能力的导论课程，其目的就是引发学生重视、提升认知。

职业核心能力涉及范围很广，浙江水院结合学生生源状况和可持续发展需要，发现学习力和自我管理能力、沟通和团队合作能力特别需要加强，故此作为重点内容，开发了核心能力"五维度"测评认证体系，实施能力测评认证模块包括自我管理、职业沟通、团队合作等，由高校毕业生就业协会颁发等级证书。

（2）课程目标。此课程是一门培育大学生养成核心素养、懂得为人处世、锤炼必备品格的通识教育人文素质课，同时也是开展课程思政面向学生层面的先行引导课。

知识目标：通过学习，掌握团队要素、高绩效团队激励和培育机制等；掌握沟通的基本理念和技能；懂得书面与口头表达的重要性，理解情绪管理和终身学习的重要性。

能力目标：提升学生工作执行力和团队合作能力；良好的人际沟通和交往能力，耐心倾听和情绪管理能力、自主学习和信息处理能力、口头和书面表达等八大能力，最终把所学内化为稳定的思维意识和行为习惯。

素质目标：树立正确的职业理想、加强职业道德修养、修炼职业情商、塑造职业形象，引导学生养成良好的做人做事态度，培养态度、诚信、感恩、相助、信仰、情怀等核心素质，融入社会主义核心价值观。

2. 推进思路及课程设计

建立了"三课堂联动育人"机制。基于OBE成果导向的教育模式，采用案例讲解、互动交流、显性引导、体验教育、BOPPPS教学法等，保障学生获得学习成果并持续改进。运用现代信息技术（借助学习通、贝腾软件等），增加团队实训、项目实践等内容，引导学生做到"学习知识、锤炼品格、养成能力"三位一体。具体思路见表3-1。

表3-1　　　　思政元素融入教学内容设计思路

教学内容概述	课程思政育人目标	教 学 方 法
融入团队和团队激励：讲授团队的概念、高绩效团队的特征；团队角色的基本类型，认知自己的团队角色；团队的基本类型、培养团队精神的因素和方法以及团队激励的方法	提升学生工作执行力和团队合作能力；培养态度、诚信、相助等核心素质，树立合作共赢的做事原则，进一步培养文化自信、家国情怀等优秀品格	①实物情境体验：通过图片、视频呈现案例，了解团队要素、角色，突出创业者的爱国情怀和积极向上的人生观、价值观；②语言表达体验：布置团队游戏，小组讨论投屏分析、PPT汇报，锻炼沟通能力、分享合作；③将中国优秀传统文化教育融入课程，如结合四大名著《西游记》《水浒传》等中的团队内容来讲述高绩效团队特征和团队角色；④将火神山医院的建设作为案例，强调团队合作的重要性，也体现我国集中力量办大事，中国特色社会主义制度的优势
职业沟通概论：讲解沟通的概念、有效沟通的重要性；口头、书面沟通的原则和方法；深入解析非暴力沟通（爱的语言）、工作中的沟通要点，赞美、说服、拒绝等方法	掌握沟通的基本理念和技能，懂得书面与口头表达的重要性；培养良好的人际沟通和交往能力，树立考虑对方需求、换位思考等信念，突出尊重、理解、坦诚、宽容、适当、及时六大沟通原则。学会非暴力沟通（爱的语言）的方式方法	将"冰山模型"和浙江省教育评估院对用人单位调研的大数据分析融入课程，讲述职业沟通、合作的重要性。 体验式教学设计：①实物情境体验：讲述沟通故事，凸显防止主观误差重要性；观看《亮剑》作品，体会沟通的基本原则，如尊重、理解、宽容、坦诚等，以及说服赞美的方法，进行爱国主义教育；②语言和动作表达类体验：如角色扮演，让学生根据问题情境分析，扮演角色，体会描述性沟通方法，学会爱的语言（非暴力沟通）

续表

教学内容概述	课程思政育人目标	教 学 方 法
倾听： "倾听与反馈"是"职业沟通教程"中的重要内容之一，是大学生有效沟通的基石。主要内容包括：倾听的概念，辨析听与倾听；倾听的意义，感悟倾听的五大作用；倾听测试，对同理心倾听有初步印象；倾听的原则：专注、负责、移情、接受、少建议；倾听的三个层次："精神""观察""语言"；总结反馈式倾听	讲授倾听的重要意义，感受倾听所体现的品质态度：尊重、理解、包容、共情、关爱、防止主观误差，体现核心价值观，通过角色扮演了解影响倾听的因素和倾听方法，培养耐心倾听和情绪管理能力，最终目标是提升大学生可持续发展竞争力	开展BOPPPS教学法：①从"寻找我的兄弟老六"故事出发，让学生体会倾听的重要性，感受倾听的力量，并进行生命教育；②通过讨论活动，代入角色中，思考同理心倾听的反馈，突出换位思考，倾听对方需求的重要性；③从生活实际案例剖析和操作练习中体会倾听的3F（Fact、Feel、Focus）方法，让学生感受倾听语言的魅力和尊重理解等原则的语言表现方式；④通过学生课堂上的收获和价值分享进一步提升其价值观等
非语言沟通和沟通礼仪： 讲解非语言沟通的含义、作用、特点等；讲述身体语言、表情、眼神等所传递来的信息和基本的沟通礼仪（包括站、坐、走、蹲姿，着装、握手、点头致意、介绍他人和自我介绍、递交名片等），体现团队合作、沟通知识要点	从沟通礼仪、表情、动作、眼神等细节，培养学生职业意识、职业素养、职业礼仪和尊重、谦逊、守礼、理解、诚信等职业道德；提升学生的职业情商和职业自信，塑造良好职业形象	以体验式教学中的活动教学、案例教学为主，辅以操作练习、案例探讨、视频纠错等方式培养学生的职业情商、批判性思维等。 沟通礼仪、工作中的沟通讲授中进行情景剧表演评价，包括自我介绍和介绍他人、交换名片、眼神手势、礼貌用语、语言是否流畅和整体效果等方面，提升学生的职业礼仪和职业形象
团队建设和培育（包括团队冲突及解决、领导力等）体验式实训： 团队训练是一个综合性实践互动情景游戏。通过不同环节的精巧实验环境的搭建，使每一位学生都可以阶段性沉浸于具体环境任务之中，在不知不觉间按自身日常常规性格、思维模式、价值判断等做出自己所能认可的合情合理的选择与决策。在更为真实地表现自我的过程中，深刻理解团队的组建与管理过程中所蕴含的真正要义。讲解团队冲突和解决、领导力培养等理论	从活动游戏中深刻理解团队对成员的个人能力、团队意识精神的要求；体验团队成员的物色、沟通、组建的全过程；团队内部的组织分工与实际工作的协调。体会团队冲突及解决策略、团队合作能力、领导力的培养，深刻理解团队与个人发展的共损共赢关系。提升创新思维、合作共赢思维和沟通能力，体会乐于助人是稀缺的人格品质，主动帮人是领导力的重要基础等	团训软件是针对团队成员个人能力、团队意识、组织分工、优势互补、竞争意识等设计的一个综合性实践互动情景游戏，学生在全程参与式体验过程中，教师将只起到组织、观察、引导作用，并不会给予明确的决策判断依据及建议，学生在参与过程中享有完全开放自由且充分的分析、判断、裁量权。 从游戏体验中培养与他人合作、分享、多赢的做事原则与方法技巧，了解团队需要的组织分工机制、沟通协调机制、利益分配机制、退出转让机制等

第二节 分类建设法案例

续表

教学内容概述	课程思政育人目标	教学方法
领导干部讲座（第二课堂）：人文素养启蒙、做人做事教育、领导力、SWH-CDIO-E工程教育模式中软硬技能融合培养方式等	使学生明确："六项必备品格""八种核心能力"是影响终身可持续发展的核心素养；引导学生在校学习和生活过程中做到"学习知识、锤炼品格、养成能力"三位一体；使自己"有涵养、懂做人、会做事"	以全国高校思政工作会议精神为指引，提出大学生应具备适应大学的学生素养、适应职场的职业素养以及适应社会的公民素养，围绕"SWH-CDIO工程教育模式和人才培养""如何提高领导力，怎样提升执行力""做人做事教育"等进行讲授。达成减少"教条式"的说教，创设"动情点"，以引起学生的情感共鸣、启迪思想、触动灵魂，从而内化为学生的核心素养
实践项目PPT汇报（期末考试之一）：要求学生组建团队完成课外实践项目，并于课上进行汇报和答辩，考核标准为依据实践项目评价指标体系（含项目简述、项目实施、实施中的问题和如何解决、项目成果、PPT汇报等）进行小组互评、全班同学投票和教师评价	明晰项目实施过程中构思、设计、实现、运行的全过程，增加专业知识技能，培养团队合作沟通能力。了解行业、职业、岗位（群），对职场有初步感受，培养"忠诚、干净、担当，科学、求实、创新"的水利精神，同时进行生态教育等，树立正确的择业观、价值观和人生观	课外实践项目，含专业项目、专业相关调研、专业对应职业的相关调研访谈、社会调研、情境模拟等，通过问卷调查、人物访谈、职场体验等，让学生能更好地灵活运用沟通、团队合作理论中学到的知识，培养综合能力。同时，课内要进行分组PPT汇报和答辩，同学互评和老师点评相结合，科学评价、提升素养

（1）第一课堂（理论教学）。

1）多角度构建课程思政案例库。一是融入中国优秀传统文化教育，如结合名著《西游记》《水浒传》人物故事来讲述高绩效团队特征和团队角色，提升文化自信；二是引入优秀影视作品，进行沟通原则、说服赞美技巧知识点教学和爱国主义教育，如《亮剑》等；三是引入生活中的案例，让学生感受倾听的作用，进行生命教育，突出尊重、换位思考、同理心、感恩等传统美德和核心价值观。从沟通礼仪、表情、动作、眼神等讲授出发，培养学生职业意识、职业素养、职业道德，提升审美自信、职业自信。

2) 线上线下联动，师生、生生互动，实施三位一体考核。运用学习通、钉钉等平台考勤、小测试、组织讨论、投票选择、抢答等。增加贝腾软件实训，培养与他人合作、分享、多赢的做事原则与方法技巧。

（2）第二、第三课堂。第二课堂通过专家讲座、课题研讨、交流引导和示范课演绎等，逐渐树立起培育核心素养的新思想、新目标和新方法。第三课堂主要在校外红色基地采用"行走课堂法"进行农村蹲守、红色追忆、劳动实践、教学实习等"体验式教育"，树立正确的理想信念，具有家国情怀。

3. 课程实施

（1）一个教学环节育人案例。选取了一个教学环节实施案例，可以看出本课程教学内容与育人元素的深度结合，具体见表3-2。

表3-2　　　　一个教学环节实施案例说明

教学内容	沟通首先从倾听开始，掌握倾听的要素和意义，了解影响倾听的因素，掌握倾听的三个层次和3F技巧，学会倾听，能准确把握并表达听到的信息
本次课的教学目标	1. 知识目标：倾听的概念和意义，影响倾听的障碍；掌握倾听的要素和三个层次。 2. 能力目标：掌握同理心倾听的技巧；掌握反馈式倾听的3F技巧。学生能够在倾听活动中掌握倾听技巧，准确把握信息并予以表达。 3. 育人目标：感受倾听所体现的品质态度：尊重、理解、共情、关爱、防止主观误差，体现社会主义核心价值观、职业道德、职业意识和职业素养，同时进行生命教育，人生观和世界观教育，最终目标是提升大学生可持续发展竞争力
教学设计（教学内容与育人元素结合）	【案例1　寻找我的兄弟老六】视频案例分析倾听的重要意义，辨析听与倾听，对学生进行生命教育和人生观、世界观教育，体会倾听所应有的品质

续表

教学设计（教学内容与育人元素结合）	【案例2 一个汽车推销员的故事】体会倾听的价值，进行社会主义核心价值观的教育，如尊重、共情、理解等品质和职业意识、职业素养、职业道德的培养。 【案例3 主持人采访小朋友】了解倾听的重要作用，防止主观误差，体现换位思考，从他人视角出发看待问题的思辨思维。 【案例4 生活中的倾听实例】通过练习讲解倾听的基本原则，由此了解同理心倾听的含义和有效倾听的三个层次，打破学生的思维定式，进行批判性思维的培养。 【案例5 父子倾听实例】通过案例剖析和角色扮演，辨析生活中常见的提问模式、指导模式、教训模式、判断分析模式等与反馈式倾听的区别，掌握3F倾听语言技巧，体现核心素养培养的重要性和方法。 【案例6 学生情境案例】辨析是否进行有效沟通和倾听，以纠错的方式，提升学生的思辨能力，进一步强化同理心倾听和反馈式倾听，培养良好的职业素养和沟通能力。 补充新冠肺炎疫情期间武汉医生护士倾听病人的心声案例，强调对他人关爱、吃苦耐劳、创新思维、团结合作等能力

(2) 育人成效。

1) 浙江水院毕业生对课程的评价节选。因"跪地托举救人"上了新华社网的建工学院建筑设备专业2017届毕业生蔡卓奇说："从这件事后很多人都叫我英雄，我觉得我只是在做一件遵从内心、微不足道的小事。在浙江水院读书时核心素养导论的老师经常教导我们：做事先做人，做事先从心。这句话给了我莫大的勇气与鼓舞。"

水利学院水利工程专业2018届毕业生项俊洪邮件致谢："老师上的核心素养课不仅气氛很活跃，而且润物细无声地让我们学到了不少做人做事道理，可能这辈子也不会忘记。"

信息学院软件工程专业2017届毕业生施展豪认为："IT行业最需要的是自我管理、合作沟通、创新思维能力，参加核心能力测评认证后，感觉对于提升这方面的能力收获很大。"

电气学院电气工程专业2020届毕业生豪星感悟："核心素养课老师讲的要多读书，方能做有用的人；有的书在校时看起来没用，是因为当时还没有认识到，尽管现在只毕业一年多，但已经很有体会了。"

2) 课程育人成效。据《浙江省高校毕业生职业发展及人才培养质量调查报告》，浙江水院（2015—2018届）四届毕业生"综合素质、管理能力、创新能力、合作与协调能力、人际沟通能力、心理素质及抗压能力"指标用人单位满意度均逐届上升。2018届上述六项指标全省排名均进入前四位，在同类型高校中排名第一。

（二）大学生写作与沟通

1. 育人元素挖掘及课程目标

（1）课程背景分析。大学生写作与沟通能力提升日益受到重视，原因有如下几方面：

1) 近年来"大学生写作与沟通能力差"的报道频现。据《光明日报》报道，不少学生存在"无法表达出自己想表达的意思""论文缺少逻辑""写论文就是他人论文观点的拼凑""总是有很多病句""不会总结"等写作问题，说明很多大学生缺乏归纳、总结和逻辑思考的能力。

2) 低俗化、自由化的网络语言泛滥，对规范用语冲击很大。为此，教育部国家语言文字工作委员会发布《关于进一步加强学校语言文字工作的意见》（教语用〔2017〕1号），对学生提出"具有与学段相适应的书面写作能力、朗读水平和书写能力""具有对中华优秀文化的认同感、自豪感和自信心"的要求。北京大学很早就开启"口才与演讲"系列课程，2018年清华大学本科新生增加了一门必修课"写作与沟通"，各高校纷纷开设相关课程，并推动相应的教学改革实践。

"大学生写作与沟通"是浙江水院通识教育的重要组成部分，重点提升写作水平和沟通能力；立足情志教育，提升审美品位，贯通文、史、哲，丰富才、学、识，力求培养学生的逻辑思维和批判思维。

(2) 课程目标。

课程目标1：全面了解应用文体的基础知识，掌握语言文字规范，通过对"读、说、听、写"四项基本技能进行讲练结合训练，提升学生书面表达能力、口头表达能力。

课程目标2：筛选具有代表性的应用文进行分析解读，结合理论知识归纳写作规范和写作特点，指导学生进行模仿性写作，在深入思考和训练表达能力的同时提高逻辑思维和批判性思维。

课程目标3：开展情景教学，结合社会实践训练沟通应用能力，在加强对文体的实际运用和写作能力的同时提升团队合作能力、沟通交往能力。

综上，本课程重点培养学生逻辑思维和批判性思维、书面表达能力、口头表达能力、团队合作能力、沟通交往能力等。

2. 推进思路及课程设计

浙江水院"大学生写作与沟通"始于对清华大学"写作与沟通"课程的借鉴学习，期间不断完善并迅速成长，逐渐走出一条符合本校特色的发展道路，采用线上、线下结合，师生、生生互动，"第一、二、三课堂"联动的方式营造良好的教学环境。

具体而言，采用四项特色做法。

(1) 设计主题式教学内容。精心设计古代生活、往事记忆、学古探微、空间观察4个主题，每个主题6个学时，其中课堂教学2个学时、线下指导2个学时、写作练习2个学时。每次课堂都会围绕特定主题展开，各个主题重在介绍背景知识，积极捕捉灵感思维与智慧理性，指导学生运用规则方法撰写逻辑缜密、表达流畅的文章。布置诸如假条、通知、书评、海报等应用文体为个人作业，主要训练写作能力，而"浙东唐诗之路"旅游文案设计以及博物馆展品介绍等极具地方特色的团队作业，则主要训练沟通能力。

(2) 融入专题式讲座。课程开展两次专题讲座，聘请校内、校外专家主持，其中分享沟通技巧4学时，介绍写作技巧4学时，以期开阔视野,增长阅历。

(3) 情景式实践训练。课后组织学生参观西湖、湘湖、历史古迹、文化广场,顺利打通第一、二、三课堂,用以适应信息化、多元化的教学需求。其中第一课堂偏重理论教学,是基础;第二课堂偏重交流引导,训练养成,是延伸;第三课堂偏重社会实践,是自由化和个性化的发展。以"无专业门槛,有学理深度"的理念突破学科壁垒,保证来自不同专业的学生均可开展研究。师生利用资料分析、研讨交流、观点展示、总结陈词等多重环节传递文化,交流经验,教学相长,共同进步。本课程是通识课,是思维基础课、更是全新、全过程写作课。

(4) 采用"三位一体"的考核方式。"大学生写作与沟通"课程注重过程,不设考试,关注"知识、技能、素养"的提升。每次均由主讲教师布置作业并记录成绩,所有作业得出的平均分即为学生的最后得分。打破传统考试一张试卷决定最终成绩的局限,延伸学习广度,拓展学习宽度,上课方式更加灵活,考核方式更加人性化,便于学生合理安排时间,充分寻找兴趣方向,真正掌握写作规范、提升写作能力、培养写作思维,最终形成写作品味和个人风格。

3. 课程实施

"大学生写作与沟通"由浙江水院教学分管副校长牵头打造,目前作为学校基础教学部的重点课程,已经立项为浙江省一流课程建设项目。本课程具体分 6 章完成,思政融入点的安排见表 3-3。

表 3-3　浙江水院"大学生写作与沟通"教学实施表

章节	教学内容	学时分配	教学要求	其他说明	思政融入点
第1章	大学生写作与沟通导论	4	1. 介绍"大学生写作与沟通"课程的现状与未来 2. 了解并掌握写作方法与沟通技巧	专题讲座	

第二节 分类建设法案例

续表

章节	教学内容	学时分配	教学要求	其他说明	思政融入点
第2章	古代生活专题写作练习写作训练	2	1. 了解古代居民衣食住行、游戏消遣、交往旅行等生活状况 2. 掌握海报的特点、写法、格式	主题教学	通过系统介绍唐朝物质文明与精神文明，引导学生增强文化自信
		2	以推广"浙东唐诗之路"旅游线路为主题，任选一个景区设计一幅宣传海报		
		2	以赴宴为由向上级撰写一张请假条	情景训练	
第3章	往事记忆专题写作练习写作训练	2	1. 梳理博物馆的发展历程 2. 赏析各大博物馆著名青铜器藏品	主题教学	青铜器是中国古代灿烂文明的载体之一，融入培养学生的爱国情怀与历史责任感
		2	为浙江省博物馆设计参观路线，并任选一件藏品作详细介绍		
		2	博物馆中的青铜器分馆需要招聘一名专职讲解员，为其撰写一份招聘启事	情景训练	
第4章	学古探微专题写作练习写作训练	2	1. 介绍司马迁的多彩人生及《史记》的编撰历程 2. 掌握计划的适用范围、特点和写作要领	主题教学	以史为鉴，继往开来，做到真正的"学史明理、学史增信、学史崇德、学史力行"，增强作为一名中国人的骨气和底气，提高文化自信和民族自信
		2	现要评选中国历史上最具影响力的历史文化名人，为司马迁撰写一段人物推荐语		
		2	为"世界读书日"活动撰写一则活动计划	情景训练	
第5章	空间观察专题写作练习写作训练	2	1. 了解我们生活的城市历史，了解杭州的现代发展 2. 掌握活动通知及策划方案的编写	主题教学	从中国传统文化的角度，通过杭州的三大世界文化遗产，在历史长河中去感受杭州独特的文化魅力和丰厚的文化底蕴
		2	为公司拟一个工会/团建活动通知和策划案		
		2	公司有接待任务，需要陪同介绍西湖景点，请写一份介绍词	情景训练	
第6章	大学生写作与沟通技巧	4	全面系统地介绍写作技巧	专题讲座	

（三）体育·CDIO

1. 育人元素挖掘及课程目标

（1）课程背景分析。早在2014年教育部印发的《高等学校体育工作基本标准》（教体艺〔2014〕4号）中就明确提出体育教育要"服务立德树人根本任务"，要"挖掘学校体育在学生道德教育、智力发展、身心健康、审美素养和健康生活方式形成中的多元育人功能，有计划、有制度、有保障地促进学校体育与德育、智育、美育有机融合，提高学生综合素质"。2020年9月22日，习近平总书记在教育文化卫生体育领域专家代表座谈会上的讲话强调了"帮助学生在体育锻炼中享受乐趣、增强体质、健全人格、锻炼意志"。

为进一步贯彻上述精神，浙江水院于2018年推出了一门特色体育课程，定名为"体育·CDIO"。该课程为基于国际工程教育CDIO理念，并结合团队合作拓展训练，从而挖掘一系列新型体育运动，形成"关卡和竞赛"特色的团队活动。

（2）课程目标。"体育·CDIO"课程面向全校学生开设实施，在体育锻炼的同时，强化提升大学生核心素养的作用，特别注重大学生"团队、规则、责任"三种意识与"合作、竞争"两项能力的综合培养，实现"以体育人"的目的。

2. 推进思路及课程设计

（1）开设理念与思路。传统体育课教学较为注重体育知识技术和运动技能的传授，往往是借助于某一运动项目为教学载体实施。而"体育·CDIO"课程则转换为在情景式教学场景中推动和要求学生主动参与及自我学习，其关键在于教学内容不再是传统的运动项目教授与练习，而是"无运动项目"内容教学。"体育·CDIO"课程创造性将国际工程教育的CDIO理念应用于体育课堂教学的若干"关卡和竞赛"，并通过"合作（Cooperate）"与"竞争（Compete）"的方式和体育运动的形式完成教学活动。

（2）在"扬弃"中进行教学实施。"体育·CDIO"课程设计主要包括团队展示、破冰活动、CDIO核心、课程小结及布置体育课外作业等教学环节和内容，而CDIO特色训练内容一般由3~5个教学部分组成。

"体育·CDIO"课程"扬弃"传统的体育教学方法，代之以CDIO模式进行，即：先由任课教师设计活动情境和布置场景，然后宣布规则并说明活动内容和注意事项，随后给予一定时间，让学生们完成CDIO特色训练，即队伍组建、人员搭配、装备配备、构思困境突破和设计解决方案等环节（C、D环节），再由教师宣布活动开始，各小组通过组内合作、组间竞争等方式和体育运动的形式，集体完成规定动作和随机动作（I、O环节），最后由教师予以现场点评。

（3）兼顾过程与结果双侧评价。"体育·CDIO"课程采取过程评价和结果考察并重的考核方式，既注重学期末的"身体素质测试"，又重点关注学生学习态度和质量，特别在总共15次课次中安排了10次左右的过程性评价，对各小组的课堂表现进行现场打分，现场公布。激发了全体学生的集体荣誉感、任务紧迫感，提高了学习的主动性和积极性。整个学期下来过程性评价占比为40%，再结合期末时对学生身体素质测试（20%）、阳光长跑（20%）、学生学习态度（20%）的评价等内容，对学生进行逐项打分，实施综合评价。

3. 课程实施

课程具体分四个部分组成，思政融入点的安排见表3-4。

表3-4　　　　　　"体育·CDIO"一次课实施案例

序号	名称	环节	具体内容	说明
1	团队展示	野外生存与自护自救：在第1次课后进行分组，并以小组为单位在课后对野外生存的安全问题和相关自我救护及相互救助知识进行学习	小组开展紧急救护、止血包扎时的相互配合与演练，并在第2次课堂上进行集体展示。团队展示内容既是课程开端的重要组成部分，也是实现课程翻转课堂的主要形式之一	团队展示要求全班学生以小组为单位，且须以体育运动为主要形式，集体表现教师前次课程布置的课外作业内容

续表

序号	名称	环节	具体内容	说明
2-1	破冰活动	内容是"花开花谢"和"鲜花配对"。其设计的思路是教师带领全班同学集体进行运动性预热活动，为后面即将开始的教学项目做好铺垫和准备	"花开花谢"的活动规则是：全班同学围成一圈，手拉手并保持拉直状态，双脚相互抵住，根据教师口令做相应动作。如教师发出"花开"的口令时，全班同学集体向后展开身体，全班站队呈现出花开的样子；教师发出"花谢"的口令时，全班同学向前俯身，全班呈现花落的样子。反复进行若干次，时间约为3分钟	未在规定时间内完成者或者未配对成功者，需按照教师要求进行个人身体素质的现场练习，如女生做20次高抬腿，男生做20个俯卧撑。活动持续进行约5分钟
2-2			"鲜花配对"的活动规则是：教师提前发放"活动口诀"，口诀是用阿拉伯数字和7种花名对应，分别是"牵牛花1瓣围成圈，杜鹃花2瓣好作伴，山茶花3瓣结兄弟，马兰花4瓣手拉手，野梅花5瓣力气大，茉莉花6瓣好亲热，水仙花7瓣是一家"；然后活动开始，教师说出任意一种花卉的名称，全班同学按照口诀进行对应数字（1~7）人数的配对组合	
3-1	CDIO特色训练活动	设计思路是遵循"技术类＋肌肉力量或柔韧协调练习"、"智慧类＋无氧呼吸能力"和"配合类＋有氧耐力训练"的顺序，任课教师提出的不同要求，依次进行教学讲解和示范，全班同学按照要求，并以小组为单位依次进行体育运动和练习	占领阵地：教师给每个小组两张整版的普通报纸（规格为：高48cm×宽35cm＝1680cm^2），作为所谓的"阵地"，要求每个小组选出3~4名同学全部同时站在这个"阵地"上，其他同学在旁边协助；完成的小组将报纸对折一次，继续同时站在上面，以此类推不断缩小报纸大小，直到决出最后的胜利者为止	通过不断提高难度，让各个小组的同学不断思考和构思解决问题和难度的办法，完成具有一定技术难度的体育运动动作和配合，对团队合作具有较强的促进作用

续表

序号	名称	环节	具体内容	说明
3-2	CDIO特色训练活动	设计思路是遵循"技术类＋肌肉力量或柔韧协调练习"、"智慧类＋无氧呼吸能力"和"配合类＋有氧耐力训练"的顺序，任课教师提出的不同要求，依次进行教学讲解和示范，全班同学按照要求，并以小组为单位依次进行体育运动和练习	横渡金沙江：教师发放给每个小组8块泡沫砖，或每个小组分配一个软垫，在足球场内进行竞速活动。要求小组全体人员肢体任何部位不能触碰地面，只能在软垫上移动和配合，以最先到达彼岸的队伍为优胜	既考察了小组成员的思维能力，又检验了快速解决实际问题和难题的能力，还锻炼和磨炼了相互之间协调配合的默契程度
3-3			三人两足：每队6人左右，活动开始时共同站在一条线上，相邻者手挽手，相邻同学的两只脚用红绸布捆绑在一起，然后根据老师要求前行，以最短时间完成行程者为优胜队	锻炼和磨炼了相互协调配合的默契程度
3-4			病毒传染：教师报出班级任意一个学号，这位同学即成为第一个病毒感染者，该同学在教师指定的一定区域范围内追击其他任意一位同学，触碰之后即为"感染"成功，被感染者需与之手拉手，然后继续进行追击和感染其他同学，直到教师喊停或截止，最后3名同学为优胜者	既考察合作成员的随机应变能力，同时也检验和锻炼了长队形瞬间变换和整体移动、加速追击的协调配合动作
3-5			纸牌屋（或珠行天下）：教师将全班学生分为4组，每组呈一列纵队排列，在每组队伍前方约15m处放置一副扑克牌中的同一种花色牌样共计13张，13张牌样均由不同小组派出1人进行放置，牌样向下扣置。每次每组派出1人全力冲刺到牌样放置处，每次只能解开1张牌，需按照1～13的顺序依次解开，任何一次都必须按照顺序解开，未能按顺序解开的牌样需原样放回原位置，然后揭牌人需全力跑回起点，换另外1人重复上述动作，直到全部牌样均被解开为止，按照完成的时间和顺序决定优胜者名次	考察团队成员的记忆力、瞬间判断能力和逻辑推理能力，同时也对成员之间的交流能力具有较高的要求

续表

序号	名称	环节	具体内容	说明
4	课程小结及布置体育课外作业		首先，教师进行本次课程总结，指出存在的问题，并提出改进要求；随后，教师布置课外作业（如水坝安全知识与自护自救），要求全班同学以小组为单位在下次课之前提前完成，并拍摄视频和照片给任课教师检查，并准备在下次课的团队展示环节中进行集体表演	

（四）中国水文化概论

1. 育人元素挖掘及课程目标

（1）课程背景分析。每一所大学在长期办学实践中均会逐渐形成优良传统、文化和特色，各高校在全面推进课程思政建设中，只有依托于学校定位和教育模式等鲜明特色与优势，才能充分发挥学校的育人优势。所以既要把握课程思政建设的共同规律，又要体现出自身不同的德育优势。浙江水利水电学院是一所水利行业院校，长期开展水情水文化教育，为进一步推进大学生对中华优秀传统水文化、新时代水利精神、习近平生态文明思想、习近平关于治水的论述、习近平关于文化建设的论述等学习，专门开设校本特色课程"中国水文化概论"，实现学生全覆盖。

（2）课程目标。"中国水文化概论"课程目标旨在让学生了解中国水资源概况，树立人水和谐意识，养成节约用水和保护水生态环境的行为习惯；以治水智慧、治水精神启迪激励学生，培养良好的职业道德和敬业精神，进一步提高学生人文素养，增强文化自信和文化自觉，努力成为先进水文化的践行者和传播者。具体目标如下：

1) 了解水文化的概念及水与中华文明的关系，厚植爱国主义情怀。

2) 重点了解中国古代水工程、水制度的主要成就和历史意义，了解水文化遗产的概念及国内代表性水文化遗产，以及中国历史治水名人，从而增强民族自豪感、家国情怀，更好地继承治水精神。

3) 从水与哲学、水与文学、水与艺术、水与民俗的互动关系中领略所蕴含的人生智慧和审美价值。

4) 了解中国面临的水问题及新时期治水思路、中国当前水工程体系和著名水工程、水制度体系和现行水法规的主要内容，理解工程建设与社会文化、生态环境的相互关系，了解节水的基本常识和基本方法，了解新时代水利精神，认识可持续发展的重要性，自觉确立生态文明意识、良好的职业道德和职业精神。

2. 推进思路及课程设计

本课程具体分12个环节完成，思政融入点的安排见表3-5。

表3-5　　　　"中国水文化概论"课程育人设计

学时	教学内容概述	课程思政育人目标	案例融入说明
1	文化与水文化	马克思主义文化观	
2	水与中华文明	崇敬先贤，树立民族自豪感，厚植爱国情怀、科学态度	都江堰、大运河、西湖等展示出来的古代工程文化成就
2	中国古代物质水文化	树立民族自豪感，厚植爱国情怀、科学态度	
1	中国古代制度水文化	树立民族自豪感，增强法治观念	若干曾真实发生的有影响的涉水案件
1	中国古代治水人物和治水精神	崇敬先贤，增强家国情怀、敬业精神、科学态度	大禹、孙叔敖、苏轼、潘季驯、林则徐、李仪祉等治水名人故事
2	中国古代水文化之水与哲学、文学、艺术、民俗	领略中华优秀传统文化蕴含的人生智慧和审美价值	老子、孔子等诸子论水、著名水文学艺术作品、祈雨舞龙、曲水流觞等民俗
2	中国水资源	增强对习近平生态文明思想及国家治水理念思路的政治认同、思想认同和情感认同，自觉养成节水、爱水、护水的行为习惯	习近平新时期治水思路，考察长江、黄河流域有关会议上的讲话等

续表

学时	教学内容概述	课程思政育人目标	案例融入说明
1	中国现当代水工程体系	理解工程建设与社会文化、生态环境的相互关系，认识可持续发展的重要性，自觉确立生态意识、文化意识和景观意识	习近平新时期治水思路，考察长江、黄河流域有关会议上的讲话等
1	中国现当代水制度体系	增强水法治观念，提高运用法治思维和法治方式辨别是非、开展工作、化解矛盾纠纷的意识和能力	环保局长下河游泳案例等
1	中国现当代治水精神	了解新时代水利精神，确立良好职业道德和职业精神	当代红旗渠精神、'98抗洪精神、东深供水精神等；"水分子"、"河小二"、世界水日宣传等社团和社会实践互动
1	水文化遗产	树立遗产保护、传承与利用意识	
1	水文化展馆参观	总结、现场教学	

3. 课程实施

浙江水院自2007年开设选修课"浙江特色水教育"，2011年起成为全校必修课，2019年，结合国家关于课程思政和新工科建设要求，对该课程进行改革提升，更名为"中国水文化概论"，在知识传授、能力培养时，融入社会主义核心价值观、中华优秀传统文化、习近平生态文明思想和新时期治水思路、水法治等价值引领教育。2019年建成辅助教学的"浙江水文化展示馆"和26集《中华治水故事》等教学资源库。通过学习，学生普遍反映了解了古今著名水利工程后，增强了民族自豪感，历代治水名人的治水故事和治水精神印象深刻，对"上善若水""智者乐水"等有所感悟；面对水资源紧缺的形势，强化了节水、爱水、护水观念，提高了对人与自然和谐共处的认识等。

二、专业教育课程建设重点

《高等学校课程思政建设指导纲要》（教高〔2020〕3号）针对专业教育课程强调：要根据不同学科专业的特色和优势，深入研究不同专业的育人目标，深度挖掘提炼专业知识体系中所蕴含的思想价值和精神内涵，科学合理拓展专业课程的广度、深度和温度，从课程所涉专业、行业、国家、国际、文化、历史等角度，增加课程的知识性、人文性，提升引领性、时代性和开放性。

（一）专业课程主要蕴含课程思政元素提炼思路

基于 OBE 理念，从专业人才培养目标的育人要素出发，映射凝练课程达成指标中思政元素，为做到育人元素贯穿教学全过程做好准备，"全过程"需推行思政元素"六进"，即进方案、进教材、进大纲、进教案及 PPT、进课堂、进评价。

课程有育人要求，但要达成功能，必须要专门设计，要提炼课程思政主要元素。那么如何提炼元素呢？可以采用"正向对接、逆向支撑"方式分析，再进行课程育人元素的提取与凝练。结合学校定位和专业培养目标，进行本课程的育人目标定位和课程思政元素提炼，可上下贯通形成育人合力，如图 3-3 所示。

（二）具体案例

1. 正向对接

（1）对接一：学校定位描述。浙江水院人才培养目标是：具有国际视野、家国情怀、水利精神、实践能力的行业骨干和领军人才。

浙江水院主推的"水文化＋"育人元素（核心素养）中六项必备品格（做人）包括态度、相助、感恩、诚信、信仰、情怀；八种核心能力（做事）包括书面表达、口头表达、团队合作、沟通交往、耐心倾听、情绪管理、信息处理、自主学习。

（2）对接二：专业目标描述。浙江水院电气工程及其自动化专业：面向能源电力行业，培养具有国际视野、家国情怀、水利精神，以及良好人文素养、职业道德、沟通能力与团队精神，能胜任与电力工程有关的规划设计、电力工程项目建设实施管理、水电站等发电厂运行维护、电气设备设计研发等工作，并以技术或管理骨干角色在工程实践活动中取得成就的高素质应用型人才（载自《浙江水院 2019 版人才培养方案》）。提取专业目标中的软能力要

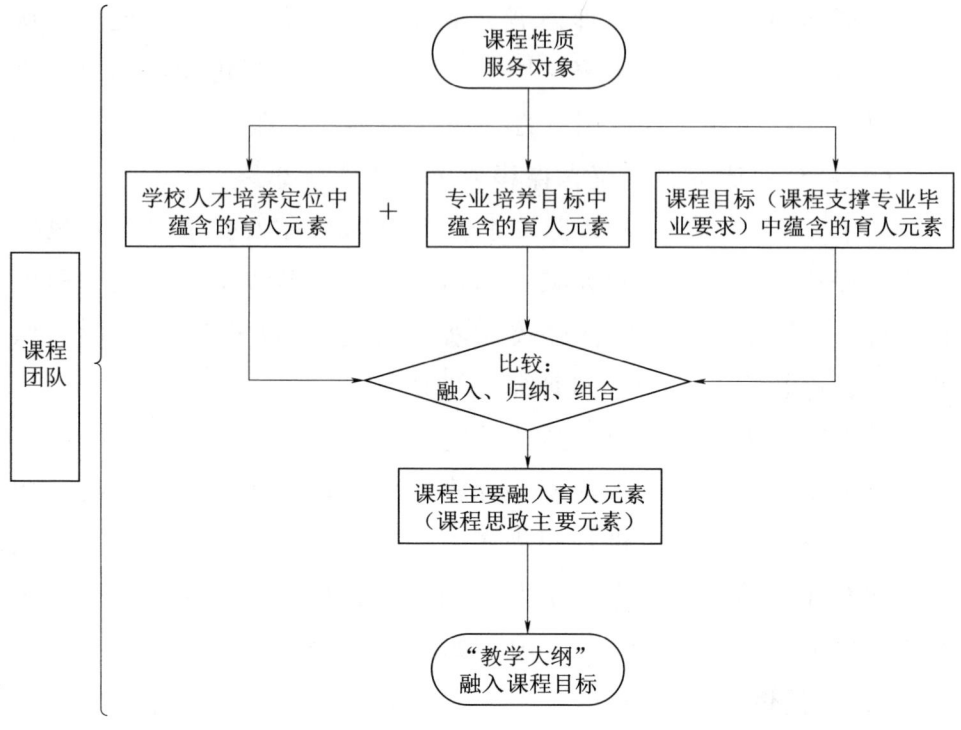

图3-3 课程思政元素提炼流程图

素（育人目标）。

（3）对接三：毕业要求描述。根据表3-6可知，"电机学"课程的育人指标：达成专业所需的电机工程知识、分析和研究复杂问题能力培养的同时，需要融入育人元素——正确认识工程技术对社会影响、职业规范、团队合作、终身学习。

2. 逆向支撑

（1）支撑一：课程案例库。由表3-7可知，"电机学"精选了常用的18个案例，包括科技历史案例有3个（科学精神）、真实经历案例有9个（职业素养）、国家进步案例有6个（家国情怀）。

（2）支撑二：课程嵌入工程训练项目。"电机学"课程团队将工程训练项目融入教学环节，以CDIO的理念模式开展，是"团队合作"培养的良好载体，电机学课程坚持项目教学27年，坚持开展"全真型"实训项目。

表 3－6 "电机学"课程与电气工程及其自动化专业毕业要求达成映射矩阵

课程名称	1. 工程知识			2. 问题分析		3. 设计/开发解决方案		4. 研究		5. 使用现代工具		6. 工程与社会		7. 环境和可持续发展		8. 职业规范			9. 个人和团队		10. 沟通		11. 项目管理		12. 终身学习	
	1.1	1.2	1.3	2.1	2.2	3.1	3.2	4.1	4.2	5.1	5.2	6.1	6.2	7.1	7.2	8.1	8.2	8.3	9.1	9.2	10.1	10.2	11.1	11.2	12.1	12.2
电机学	H			H		M													M						L	
电机实训								H				M							M	H						

注 节选自《浙江水院2019版电气工程及其自动化专业人才培养方案》。

表 3-7　　"电机学"课程常用课程思政案例汇总表

案例类型	案例内容
科技历史	1. 爱迪生与特斯拉的交直流电大战的故事
创新应用	2. 知识就是力量——剩磁技术应用 3. 变废为宝——电磁炉技术在节能上的应用
国家进步	4. 非晶合金在中国电力行业的应用与发展
科技历史	5. 小白兔成为"引路人"（科学家故事）
国家进步	6. 什么是低功耗变压器？（行业发展）
真实经历	7. 安全事故＋电气专业毕业生发生的事故案例
真实经历	8. 树立职业观念，努力学习技术，成为一线优秀电气工程师（讲述某运维老师傅不会利用分接开关调节技术的故事）
国家进步	9. 组式变压器应用的变化，经历过的真实故事
真实经历	10. 医院停电重症监护室医务人员忘我维持生命的故事
科技历史	11. 电力事故案例分析
真实经历	12. 你会拧螺栓吗？（毕业生正反发展的真实故事，结合电机拆转项目内容）
创新应用	13. 电梯、起重机没有电磁制动作用会怎么样？ 14. 你能将洗衣机改成发电机吗？
真实经历	15. 一位后进生工作后再求教电机知识的故事
国家进步	16. 电机行业最突出发明（浙江大学百年最大两项成果之一）
国家进步	17. 三峡工程中电机的国产化案例
国家进步	18. 从并网技术的改变（由简单电气化，到自动化、智能化）谈能源互联网

（3）支撑三：课程采用态度考核评价方法。"电机学"课程团队注重采用"态度考核"评价方法，促进优良"品格行为"养成。

3. 分析提炼

"电机学"课程思政主要聚焦在家国情怀、科学精神、职业素养、行为品格、团队合作，对标浙江水院"水文化"育人元素进行分析归纳，"电机学"蕴含课程思政主要元素最终提炼为情怀、态度、团队合作，如图 3-4 所示。

第二节 分类建设法案例

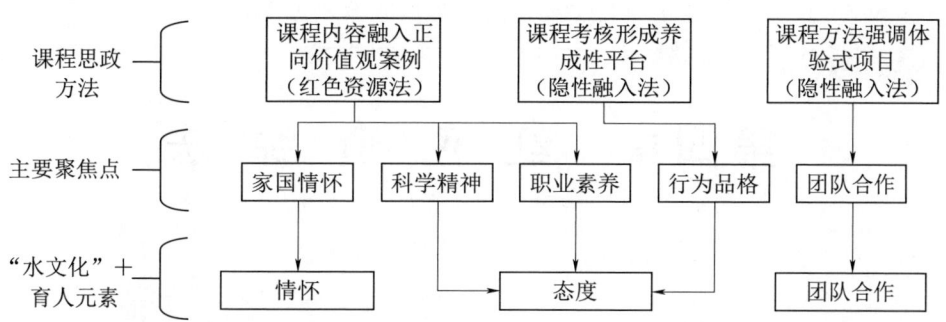

图 3-4 "电机学"课程思政聚焦点与"水文化+"育人元素映射归纳图

4. 教学设计与实施

确定了课程的主要课程思政元素后,就可以有效地开展融入教学全过程(课程思政六进)。"电机学"的具体应用,可参见后面"教学设计法、资源建设法、隐性融入法"等方法中的举例。

第四章 红色资源法

第一节 背景目的

一、背景

《高等学校课程思政建设指导纲要》(教高〔2020〕3号)指出:"深入挖掘各类课程和教学方式中蕴含的思想政治教育资源,让学生通过学习,掌握事物发展规律,通晓天下道理,丰富学识,增长见识,塑造品格,努力成为德智体美劳全面发展的社会主义建设者和接班人"。可见教育部对思想政治教育资源非常重视,其中包括了课程思政资源建设。因为专业课程中课程思政元素具有隐性属性,要与一般教学材料有机结合且一体呈现,更有"挖掘"的必要。同时正因为我们在专业教育中有过对育人功能的忽视,在全面推进课程思政的新时期,可借鉴的课程思政经验、资源和案例相对不足,课程思政资源库的建设也就尤为需要。

二、目的

红色资源法的目的是便于教师开展课程思政,可以分门别类精选思政元素和开发育人资源,建立"红色资源库"。广义的资源建设包括条件类资源、素材类资源、交流类资源等。狭义的资源主要指应用于课程思政的素材类资源,如精选承载育人元素的生活案例故事;挖掘有关科学家、先烈事迹、英雄故事以及各行各业涌现出的先进典型；关注热点时事政治、形势新闻。收集案例库、网络信息、书籍光盘等育人资源，发掘优秀毕业生的做人做事成功事例，可供教师选择，融入课堂使用，以培养学生的理想信念、科学精神、家国情怀、国际视野、社会责任感等。红色资源法涉及"建"和"用"两个方面的内容，以下两节分别讲述相关建设与应用。

第二节 课程思政资源建设

本节将分别从广义和狭义两个维度分别论述课程思政资源建设，具体介绍红色资源法用于学校、专业、课程等不同层面的建设途径，以及教师群体推广和个体教学等不同角度的应用方式。

一、课程思政资源平台建设

为全面推进课程思政建设，各学校需要结合各自的实施方案和实际条件，系统开展课程思政资源建设，以资源平台建设配合具体课程思政实践任务的完成。这里是从广义维度所说的综合资源建设。

1. 资源平台建设思路

学校系统开展课程思政资源建设思路一般可总结为"三结合"，即育人基本要求与学校特色结合、硬资源与软资源建设结合、校院专业课程多层次结合。

（1）育人基本要求与学校特色结合。课程思政资源建设首先建立在"育人基本要求"上，这个基本要求就是要坚持立德树人的根本任务，为培养德智体美劳全面发展的社会主义建设者和接班人，所普遍要求的价值观、理想信念、家国情怀、文化修养、法治意识、道德品格等。除此以外，还需继承学校传统文化和育人特色，从学校发展、学校服务行业、师生、校友等方面进行挖掘，收集接地气、真实而鲜活的案例，开展特色育人资源建设。

(2) 硬资源与软资源建设结合。课程思政资源既有案例资源这种"软"资源，又有需要物理空间及实物呈现的"硬"资源，如"主题资源和展示资源"等。

(3) 校院专业课程多层次结合。由于课程思政是多层面全面推进的工作，所以每个层面应根据任务落实需要，开展不同的资源建设工作。"'校院课'三级红色案例资源库建设"即是具体举例说明。

2. 资源平台建设内容

建设内容一般可分为主题资源、展示资源、示范资源、线上资源、案例资源等（图4-1）。其中，主题资源主要属于条件类资源，供师生开展课程思政的专项活动使用；展示资源、示范资源、线上资源基本属于交流类资源，可以供教师和学生开展相应的交流和学习；而案例资源主要属于素材类资源，主要为教师提供课程思政案例素材，从而有效开展融入课程思政元素的案例教学活动。

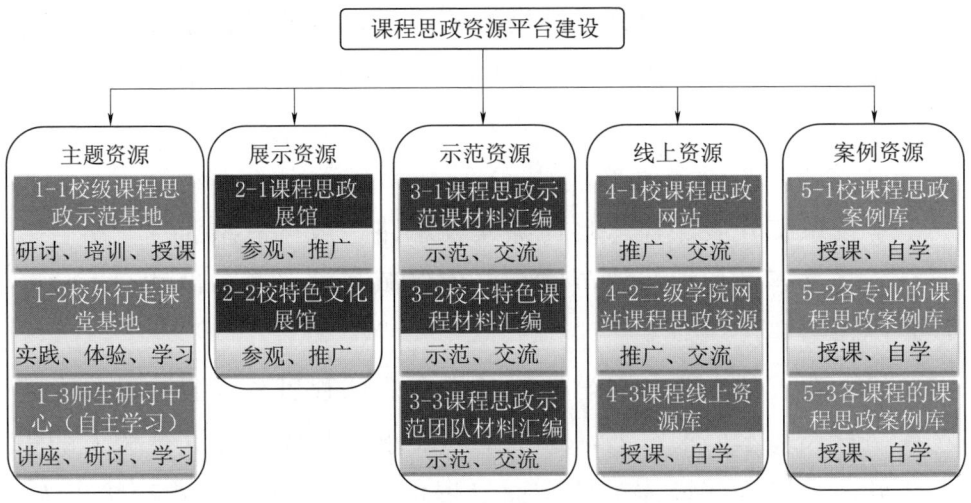

图4-1 课程思政资源平台建设体系示意图

3. 浙江水院资源平台建设案例

浙江水院按上述思路积极开展课程思政资源平台建设，以"水文化+"课程思政教学研究中心为核心，形成"六基地、五库、一平台、一网站"建设格局。

(1) "水文化+"。"水文化+"课程思政教学研究中心是学校重点建设的省级"水课程思政教学研究中心",为课程思政实践提供理念、方法、培训、测评、指导、咨询和智库功能等方面支撑。并以"中心"为主体,搭平台、促研究、推成效,总体推动资源建设。

(2) "六基地"。先后搭建了校课程思政示范基地（1600m^2）、课程思政展馆（200m^2）、大学生自我管理学习中心（850m^2）、丛游讲堂（300m^2）、水文化展馆（300m^2）、校外"行走课堂"基地等,均为硬资源建设。

(3) "五库"。包括校课程思政示范课程库、校项目制课程库、校知识+能力+态度三位一体考核课程库、校企合作课程库、校课程思政案例资源库,其中5个课程库为定期开展评选认定,进行资料汇编,校课程思政案例资源库以网络信息化形式持续建设中。

(4) "一平台"。"一平台"是学校重点建设的网络课程平台,也是学校教师开展线上课程资源建设实现翻转课堂教学最主要途径。

(5) "一网站"。"一网站"是学校建设的课程思政专项网站,进行相关活动和成果的展示。

二、"校院课"三级红色案例资源库建设

从狭义维度来说的课程思政资源建设是指为课程教学提供的案例资源建设,是红色资源法得以应用在具体课程思政实践中的重要体现,此处从"学校、学院、课程"三个层级,结合浙江水院的建设给予说明。

1. 校级资源库凸显学校育人特色

每一所学校有自己的文化底蕴和办学特色,因此不同学校的课程思政各有特色。例如,浙江水院从"以水育人、以文化人"的育

人理念,从而提炼"水文化+"课程思政育人元素,具体包括"六项必备品格""八种核心能力",课程思政对育人达成目标进行"水文化+"具象描述,相关内容均在本书第二章进行了具体表述。基于此,学校层面的案例库建设自然包含"水文化"模块。水文化具有丰富的育人内涵,包括水的精神、中国治水历史故事、水利工程及其文化、著名江河湖泊及其文化、大海及海洋文化、水的文学艺术作品等;水文化育人元素也包括水利行业的优秀人物事迹、祖国水利事业的发展历史等。图4-2为浙江水院课程思政案例资源信息库构架。

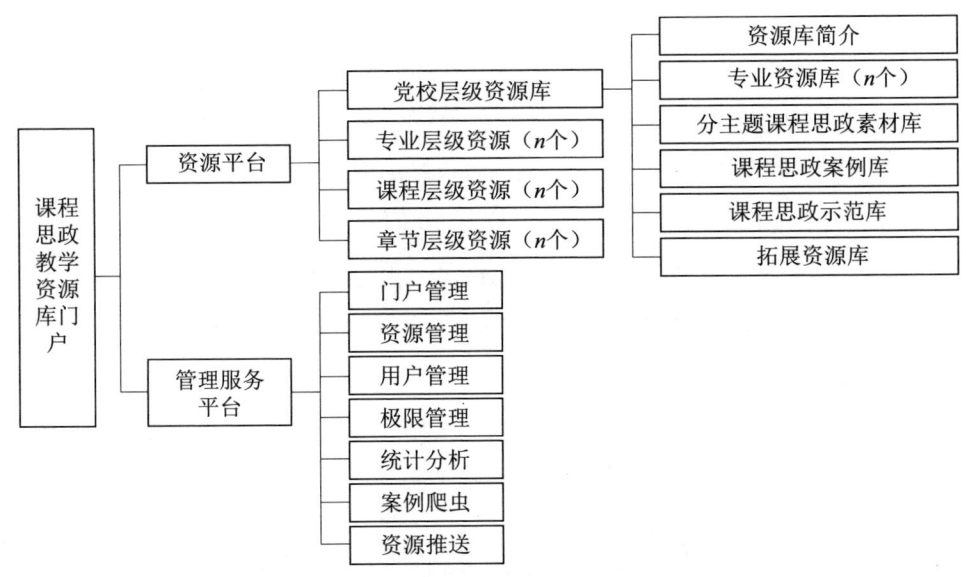

图4-2 浙江水院课程思政案例资源信息库构架

2. 院级资源库以专业培养对接行业精神

二级学院的资源库建设的核心在于同一类学科和专业群,其人才培养和社会服务对接特定的行业和领域,这一行业或领域的课程思政元素在于行业精神。例如,浙江水院测绘工程专业培养测绘行业人才,除了水利特色之外,测绘行业也具备着丰富的育人资源可挖掘,如从无数业界前辈和校友的亲身经历中,可追寻一代代测绘工作者穿山跨海、经天纬地的动人案例，诠释"热爱祖国、忠诚事业、艰苦奋斗、无私奉献"的测绘精神。

3.课程资源库以教师实施案例教学为目标

课程资源库建设的最佳方式是以任课教师为主体，根据多年的授课经验，结合课程内容，围绕每次授课目标，精选教学案例。采用红色资源法，理想地实现"建好、用好"在于教师的两个认识：一是对"价值引领和知识传授相统一"的深度理解，《高等学校课程思政建设指导纲要》（教高〔2020〕3号）指出："必须将价值塑造、知识传授和能力培养三者融为一体、不可割裂。全面推进课程思政建设，就是要寓价值观引导于知识传授和能力培养之中"；二是对"案例教学法"的应用认识，课程思政实践成效最终是落实到课堂教学上。

第三节　红色资源法的课程案例

一、案例教学与红色资源

1.案例教学法来源

案例教学法是指将案例应用于教学，学生面对案例成为认知主体，教师引导学生在现象中发现问题，并尝试性地解答问题。在此过程中，学生不可避免地会有失误产生，经过教师适当的启发，使学生将案例中所蕴含的各种信息提取并有机的联系起来。

教育界普遍认为古代中外均有该教学方法的萌芽，如《春秋》《战国策》《史记》《本草纲目》等著作均采用大量的案例开展观点论述，该教学法在国外最早亦可追溯到古希腊苏格拉底的启发式教学法。苏格拉底自称"产婆术"，通过一问一答，引导受教者自己找到问题的答案。现代案例教学法被认为是源于哈佛大学，1870年美国哈佛法学院院长克里斯托弗·哥伦姆布斯·朗德尔率先使用法庭判决的案件作为案例进行教学,同时期哈佛医学院也采用临床实践和临床病理学会议两种形式的案例教学;在此教学改革获得成功的基础上,哈佛商学院于1921年正式推行案例教学,并把当时商业院用的教学方法从"问题法"(Problem Method)正式更名为"案例法"(Case Method)。经过不断完善推广,案例教学在世界范围内产生了广泛的影响。20世纪80年代,案例教学开始引入我国,目前成为高等教育用以增强教学过程中的生动性和趣味性、改变僵化式被动教学的有效方式之一。

2. 基于红色资源的案例教学

案例教学法所采用的案例,强调以真实情节为背景,对某一个或几个有意义的事件进行综合描述,使人能从中得到某种启示。因此,每一个案例均有其特定的背景信息。这里所说的基于红色资源的案例,除了具备案例教学功能外,还蕴含有育人元素特征,采用此案例进行教学,本来讲的就是课程内容,自然引入课程思政元素,未占用过多时间。所以,基于红色资源的案例具有知识传授和价值观传递的双重作用,实现了"春风化雨"的功效。

二、一门课程案例

仍以浙江水院的"电机学"为例,本课程为原理较强的专业基础课,课堂教学容易枯燥,往往须加入一定生活、生产中的事例,活跃课堂、生动教学。

(一)"电机学"课程案例库

结合"课程思政",选取了18个案例故事,分成科技历史(3个)、国家进步(6个)、真实经历(9个)等三方面,试图将家国情怀、科学精神、职业态度等融入课堂教学。这些案例本来就是课程内容,自然引入,没有另外占用课时,也有助于专业知识的理解和掌握(表4-1)。

建库把握点:故事内容"真实",材料呈现"生动"。

第三节 红色资源法的课程案例

表 4-1　　浙江水院的"电机学"红色资源案例库

序号	教学内容概述	课程思政育人目标	教学方法
1	电机技术基础： （1）在电机科技发展史中融入爱迪生与特斯拉的交直流电大战的故事。 （2）在电机材料基础上，讲述剩磁技术应用的故事	（1）科学精神； （2）职业态度	（1）视频资料； （2）讲述亲身经历
2	变压器的认识与生产： （1）在讲述变压器基本原理中自感和互感系数时，融入发明科学家约瑟夫·亨利的故事。 （2）讲述低功耗变压器时，介绍中国近几十年变压器技术的进步	（1）科学精神； （2）家国情怀	多媒体讲授
3	变压器的试验与分析： （1）试验融入巡检安全事故＋电气专业毕业生发生的真实事故案例。 （2）讲述电压变化率时，融入某运维人员不会分接开关调节技术的真实故事	职业态度	（1）视频资料； （2）讲述真实故事
4	变压器的选配与运行： （1）讲三相变压器结构时，融入大型变压器安装应用亲身经历。 （2）讲变压器并联运行时融入医院重症监护室停电，医务人员维持生命的故事。 （3）在变压器突然短路中融入美国大停电事件案例分析	职业态度	讲述真实故事
5	交流电机基础与异步电机的认识： （1）交流电机的发展史中介绍科学家的对工业文明的推动。 （2）中国电机工业发展中，融入"水内冷"技术和发明人的故事，并介绍单机容量世界最大机组。 （3）结合电机拆转项目内容，讲毕业生"拧螺栓"提升总结分析能力的故事	（1）科学精神； （2）家国情怀； （3）职业态度	（1）多媒体讲述； （2）讲述真实故事

续表

序号	教学内容概述	课程思政育人目标	教学方法
6	异步电动机的运行与选配： （1）在三种工作状态中讲电磁制动作用，采用电梯、起重机失灵案例。 （2）电动机与发电机运行方式中介绍改装案例	（1）科学精神； （2）职业态度	（1）重物演示； （2）洗衣机改成发电机视频
7	同步发电机认识及基本工作原理： 融入三峡工程中电机的国产化案例	家国情怀	多媒体讲述
8	同步发电机运行： 从并网技术的改变（由简单电气化到自动化、智能化）谈世界能源互联网构想	家国情怀	多媒体讲述、国家领导相关讲话

（二）"电机学"案例教学实施举例

应用把握点：不但润物无声，还要春风化雨，具有知识传授和价值观传递的双重作用。

例1：讲变压器并联运行知识融入医院重症监护室停电案例

案例讲述：几年前的一天，杭州一家三甲医院外部施工断电，因变压器并联运行失效，备用电源也未起到作用，医院重症监护室面临严峻考验，呼吸机无法正常运作的情况下，大量需要供氧的病人生死悬于一线，医护人员采用一对一使用气囊，进行人工供氧，一刻不停地持续了3个小时，当实现紧急供电那一刻，医护人员均瘫倒在病床旁。无独有偶，2021年河南郑州发生历史少有强降雨期间，7月20日晚郑州部分医院停电，心电监护和备用电池全部耗完，也出现了医护人员紧急采用气囊人工呼吸抢救危重病人场面，可见相关报道，如图4-3所示。

知识传授：变压器并联运行的优点之一是提高供电的可靠性。具体应用时，可提供重要机构实现多路供电，如医院、机场、电视台等。

价值观传递：培养正确的职业态度，学习医护人员的坚守岗

第三节 红色资源法的课程案例

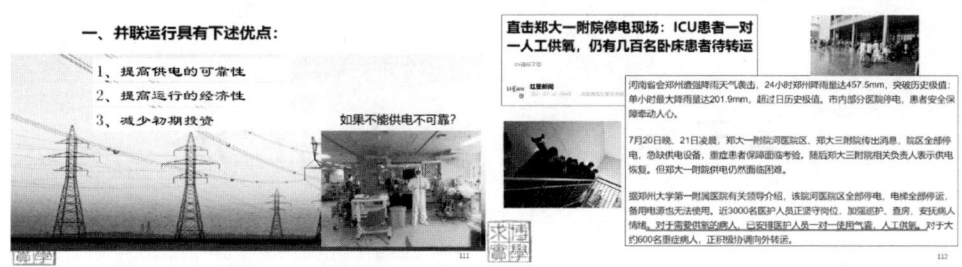

图 4-3 "变压器并联"教学单元 PPT 截图

位、忘我的救死扶伤职业精神，以及电力人员确保供电系统正常运行的一丝不苟的工作态度。

例 2：讲电机工业发展融入中国电机发展成就及背后故事案例

案例讲述：讲述中国电机工业从无到有，从弱到强的发展历史中，装机总容量不断递增体现了国家工业整体发展，在这一过程中我国科技人员为实现世界一流的技术水平做出了巨大贡献。教师追述自己师长曾参与的"双水内冷"技术研发经历，讲述带头发明人郑光华教授为之忘我工作的感人故事，介绍目前我国成功安装单机容量世界最大机组，如图 4-4 所示。

图 4-4 "中国电机工业发展"教学单元 PPT 截图

知识传授：电机总容量体现国家整体工业化程度，电机单机容量体现一个国家工业技术水平，双水内冷技术是提高电机容量的技术之一。

价值观传递：学习老一辈电机科技人员忘我奉献的精神；目前中国电机工业取得世界瞩目的成就值得为之自豪。

57

第五章 教学设计法

教学设计法是将课程思政贯穿课堂教学的关键一法,实现有目的地把课程育人目标、课程思政元素、课程思政融入点等列入教学方案中一体设计,"显性设计、隐性施工"是保证课程思政实效的法门。

第一节 根源与目的

一、关于教学设计

(一) 教学设计的概念

"教学设计"在教育界的具体定义不尽相同。较普遍的说法是:教学设计是以教学过程为研究对象,用系统方法分析和研究教学需要,设计解决教学问题的方法和步骤,并对教学效果作出价值判断的计划过程和操作程序;通俗的提法是"根据教学对象和教学目标来确定合适的教学内容,使教学诸要素有序、优化地安排,以形成最佳教学方案的过程"。

(二) 教学设计的发展

教育界一般认为现代"教学设计"发展有四个阶段:第一阶段是萌芽阶段(20世纪初期),最早提出教学设计构想的是美国哲学家、教育家杜威和美国心理学家、测量学家桑代克。杜威早在1900年提出应发展一门"桥梁科学",意思是将学习理论和教育实践连接在一起,目的是设计一套与设计教学活动有关的理论知识体系。

同时期，桑代克通过研究动物学习的实验来解释学习的实质与机制，1903年编写了西方第一本《教育心理学》一书，被誉为"教育心理学之父"。第二阶段是初步形成阶段（20世纪40—60年代），在这个时期，各种学术理论和新媒体技术不断发展并应用在教育、教学过程中。如斯金纳发明了教学机器，在1954年发表的《学习的科学和教学的艺术》一文中提出了程序教学理论。本杰明·布鲁姆提出了教学目标分类法，发表文章《教育目标分类：认知领域》，认为思维有6种级别。教学设计理论体系逐渐形成。第三阶段是理论体系建立阶段（20世纪70—80年代），人们不仅关心"是什么""如何做"，还关心"为什么"。教学设计研究者开始关注系统工程学、传播学、学习心理学与技术对教学设计的影响，并出现了一系列教学设计模式，如教学系统设计理念（Instructional System Design，ISD）、ADDIE模型（传统教学设计过程：分析Analysis、设计Design、发展Develop、执行Implement、评估Evaluate）。第四阶段是新的发展阶段（20世纪90年代之后），随着信息化、智能化等新技术的不断发展，以及建构主义学习理论等新思想的影响，为教学设计的发展带来了崭新的前景。目前，教学设计成为世界各国教育技术领域的专业研究方向和各级各类师资培训的重要课程。

二、基于课程思政的教学设计法

（一）新时代教学设计的目的

所有的设计都具有目的性，包括上述的"教学设计"，教学设计的最终目的也应符合教育的目的。新时代教育的根本任务是立德树人，2012年11月8日中国共产党第十八次代表大会提出"把立德树人作为教育的根本任务，培养德智体美全面发展的社会主义建设者和接班人"，这是首次提出这一说法。2018年9月10日，在全国教育大会上的讲话中，习近平总书记明确指出，"要把立德树人融入思想道德教育、文化知识教育、社会实践教育各环节，贯穿基础教育、职业教育、高等教育各领域，学科体系、教学体系、教材体系、管理体系要围绕这个目标来设计，教师要围绕这个目标来教，学生要围绕这个目标来学。凡是不利于实现这个目标的做法都要坚决改过来"。

（二）教学设计法的提出

我们提出的教学设计法是基于课程思政为目标，是为了让切实落实习近平总书记强调的"坚决改过来"要求。长期以来，高等教育中教学设计现状存在一定问题，主要体现在两方面：一是存在忽视教学设计或者不够先进的问题，没有设计、照本宣科现象时有发生，即便有设计，往往也是知识点和掌握要求堆积，少有教学如何组织的设计内容；二是在专业教学中我们忽视了德育，也明显体现在传统的教学设计中，即便是所谓优秀教师的教学设计也是重点关注如何将知识传授处理好的问题上，也少有对育人问题的专门设计。这样，育人的融入就变成了"随口荡"，想到哪儿讲到哪儿，很难保证育人实效。这些就是我们要"坚决改过来"的内容，是教学设计法面临的问题。

第二节 原则与依据

一、以课程为单元的教学设计法

《高等学校课程思政建设指导纲要》（教高〔2020〕3号）指出："全面推进课程思政建设是落实立德树人根本任务的战略举措"，要"将课程思政融入课堂教学建设全过程"。课程是教学体系的基本单元，是教育的核心，所以课程思政也是落实立德树人的关键，教学设计法自然就是针对一门课程教学全过程设计的育人元素融入应用。

二、教学设计法的重要原则

(一)"显性设计、隐性施工"原则

教学设计法的提出是为了改变课程育人目的性不明确的问题,但在实际专业教学中,又要实现隐性育人的"润物无声"效果,因此课程思政必须坚持"显性设计、隐性施工"的原则。

(二)价值引领和知识传授相统一,达成"双标"金课原则

2016年12月7日,习近平总书记在全国高校思想政治工作会议上的讲话中指出:"好的思想政治工作应该像盐,但不能光吃盐,最好的方式是将盐溶解到各种食物中自然而然吸收。"从"盐溶于汤"中可得两个感悟:一是盐有益于人的健康,二是适量盐之助得其美味。

课程思政亦是如此,好的教学设计法就是巧妙地促进课程思政切实融合,实现价值塑造、知识传授、能力培养"三位一体",课程思政不仅仅是加料,还有催化、助燃的作用,更是"让课堂活起来"的有效方法。因此,新时代高质量教育背景下,教学设计法的应用要采用双重标准,一方面是教育部相关文件提出的"两性一度"的"金课"的标准,即高阶性、创新性、挑战度;另外,更重要的方面是课程思政实现"润物无声、春风化雨"的双重作用。

(三)全过程全要素设计原则

教学设计要对教学"实施全过程"各环节设计,内容应覆盖"方案全要素"。从中考虑"切入点",结合所掌握的红色资源育人材料,实现课程思政元素恰当融入。

课堂教学全过程一般包括课前、课中、课后,课中可参考BOPPPS教学模型,分成六步,由导言(Bridge-in)、学习目标(Objective/Outcome)、前测(Pre-assessment)、参与式学习(Participatory Learning)、后测(Post-assessment)和总结(Summary)六个教学环节构成。上述环节均可进行课程思政自主选择融入。

教案全要素一般包括教学目标、教学重点、教学难点、板书设计（包括PPT演示文稿）、主要教学方法、教学工具、各阶段内容及时间分配、教学过程（五个环节）、教师活动、学生活动、课后评价与反思等内容。上述要素均可进行课程思政自主选择融入，但首先要在教学目标表述知识目标、能力目标、素质目标，明确课程思政元素，然后在具体切入点处给予说明。

三、依据课程思政水院"十点认识"中的三点内容

（一）应然样式

不增加教学学时，使育人元素润物细无声、潜移默化地融入课程。

此处的"不增加教学学时"是指不以课程思政原因额外新增学时，只需正常按知识传授要求安排学时，即教学设计的时长单元要符合人的学习认知行为规律，课堂教学一般以一节或一次课为一个设计单元（依据各校上课时间规定，可能一次2～3节，每节40～50分钟），每节课还需设计细分时段安排，每个时段建议不超过8～15分钟。因为根据相关学者的研究成果，人的课堂注意力时长持续时间有限，如美国西雅图太平洋大学脑应用研究中心主任约翰·梅迪纳教授发现学生的注意力在集中10分钟之后就会大幅下降（图5-1），进而提出了"10分钟"教学规则，即将每节课内容细化成各个模块组成，每个模块只持续10分钟，每个模块一个核心概念，用1分钟之内解释清楚大概念（抓其要点），其余9分钟对概念进行详细说明，然后改变形式进入下一个模块，在模块间隙加入一个与课程相关的情感刺激，既可以促进大脑皮层转换休息，也可以起到承上启下的作用。我们可参考此规则设计适度的课堂认知负荷量，确保学生注意力处于最佳状态，从而提高教学效果。

（二）学生效应

学生效应是能够产生引起学生情感共鸣、启迪思想、触动灵魂的动心动情效应。

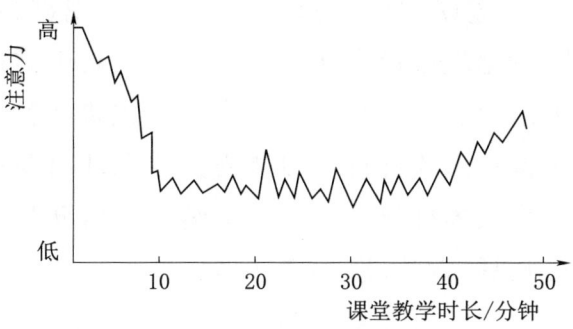

图 5-1 注意力与课堂教学时长的关系

这个效应是我们希望课程思政产生的最佳效果。此外,根据上述"10 分钟"教学规则研究表明,每当 10 分钟结束时,学生注意力就会下降,此时加入一个情感刺激,可以确保下一个 10 分钟的注意力持续,感动、欢笑、幸福、悲伤、疑惑等都可以,研究表明无论哪种情感刺激都适用。而融入模块中的育人元素若能激发心理情绪波动,则正好起到这一作用,可以促进大脑的休整,形成良性更迭作用。

(三) 把握三个点

(1) 切入点。掌握时机适时切入(适时)。

(2) 动情点。能够引起学生的情感共鸣、触动灵魂、启迪思想(适用)。

(3) 融合点。思政元素与学科专业知识的契合度(适合)。

这三个点可以作为教学设计时课程思政融入的具体依据,其与心理情绪关联影响教学效果的内在解读已在"应然样式""学生效应"中进行了相应阐述,此处不再赘述。如何精准使用?需要授课教师结合课程,不断积累实践经验,并持续改进。

第三节 教学设计法应用实例

浙江水院为推进课程思政落地实践,提出了课程思政"六进"举措,即课程思政元素"进方案"(人才培养方案)、"进教材""进大纲""进教案""进课堂""进评价",以此实现贯穿教学全过程,其中"进教案"就是教学设计法的具体实现。具体推进方式是:课程首先在教学大纲中明确课程目标所内含的主要课程思政元素,在此目标下,基于课程思政进行一门课程整体设计以及每次课的课堂教学设计,最终将上述材料加上封面汇编为一册课程教案(红色教案)。下面是一门课的教学设计法应用案例。

一、课程大纲明确育人目标举例

浙江水利水电学院

"电机学"教学大纲

(2019 版,理论课程)

一、基本情况

课程编码	271031709	课程学分	4	总学时	64
英文名称	Electric Machines			理论学时	50
课程类别	专业基础课	实践学时		实验学时	8
先修课程	高等数学、大学物理、电路			上机学时	0
适用专业	电气工程及其自动化			其他学时	6
开课单位	电气工程学院	基层教学组织		电力教研室	

二、课程性质

本课程是为电气工程及其自动化专业大学本科生开设的一门专业基础必修课。通过本课程的教学,学生应掌握电机的基本理论、基本分析方法和基本实验技能。为学习后续课程和从事专业工作打下坚实的基础。本课程具有概念多、理论性强、与工程实际联系紧密的特点,因此学习本课程对培养学生具有科学的学习能力,以及使学生树立理论联系实际的工程观念等方面都有着重要的作用。

三、课程目标

1. 知识目标

掌握与电机相关的电、磁的知识基础,电机的应用分类、材料等知识。掌握变压器、异步电机、同步电机的工作原理、结构、额定值等知识，运行分析方法，相关参数、性能指标的计算和试验。掌握交流电机的基本理论，包括基本原理、绕组的形成和基础理论、感应电动势和磁动势分析计算等。

2. 能力目标

具备电机相关系统的初步计算、设计和应用能力；具备电机相关的生产、安装、选配能力；调试、检修、试验能力；运行维护及分析能力。

3. 素质目标

培养锲而不舍的科学精神，厚植真挚热烈的家国情怀；培养吃苦耐劳、爱岗敬业、遵纪守时的职业态度，培养适应电气生产的团队合作、交流表达的职业素养。

本课程主要融入的"水文化＋"育人元素：①必备品格：态度、情感；②核心能力：团队合作。

（后续内容略）

二、基于课程思政的一门课程整体设计举例

课 程 设 计 表

课程名称：电机学　开课单位：电气工程学院　开课学期：2021/2022 学年第 2 学期
授课教师：××与×××、××组成团队　授课专业：电气工程及其自动化　学生人数：93
学　　时：　56　　学时分配：理论48　实验8　学分：　3.5

一、教学基本情况			
课程类别	□通识教育课　√专业课　□实践课		√必修　□选修
教学形式	□线上　　　□线下　　　√线上线下混合		√考试　□考查
课程建设	√一流　√思政示范　√项目制　√三位一体　□交叉　□其他：_____		
使用教材	教材名称：《电机学》（第三版）；主编：胡敏强等 出版社：中国电力出版社；版本：3；出版年月：2014 年 7 月		
二、学情分析			

续表

衔接课程	先修课程为：高等数学、大学物理、电路。 后修课程为：电气设备、电力系统、电气控制及PLC。	
知识背景	掌握电路三大定律等电路知识，掌握磁场、磁材料、磁路等基本知识，具备电与磁相关高中物理基础知识。	

三、教学目标

（结合我校办学定位、学生情况、专业人才培养要求，简要描述学习本课程后应该达到的知识、能力、素质目标，重点描述素质目标。）

教学目标	描述：（包括知识目标、能力目标、素质目标的本课程目标达成描述） 知识目标：电机相关基本原理、结构、生产理论和工程应用知识。 能力目标：电机相关分析、计算、实验、装配和研究复杂问题能力。 主要素质目标聚焦：家国情怀、科学精神、职业态度、团队合作。 必备品格： 　√态度　　　□相助　　　□感恩 　□诚信　　　□信仰　　　√情怀　　　□_____ 核心能力： 　□口头表达　□书面表达　√团队合作　□耐心倾听 　□沟通交往　□情绪管理　□信息处理　□自主学习　□_____

四、教学理念与手段

教学理念	（1）从案例教学、项目制教学、态度评价三方面突出课程思政融入； （2）采用CDIO模式贯穿工程能力培养。
教学手段	（1）超星线上课程平台资源建设助力SPOC混合教学方式； （2）采用BOPPPS教学设计。

五、教学内容

序号	教学内容概述	课程思政元素融入说明（可以填无）	教学方法
1	项目一：电机技术基础（课内：4理论学时）		
	1 概述 1-1 电机的分类 1-2 电机的理论基础 1-3 电机的材料基础	（1）态度（科学精神）：在电机科技发展史中融入爱迪生与特斯拉的交直流电大战的故事。 （2）态度（职业态度）：在电机材料基础上，讲述剩磁技术应用的故事。	（1）视频资料 （2）讲述亲身经历

第三节 教学设计法应用实例

续表

项目二：变压器技术（课内：18 理论学时＋3 实验学时/单相变压器特性试验，课外 1 学时/变压器认识项目）			
2	2 变压器的基本作用原理与理论分析 2-1 电力变压器的基本结构和额定值 2-2 变压器空载运行 2-3 变压器负载运行 2-4 标幺值 2-5 参数测定方法 2-6 变压器的运行性能 实验：单相变压器特性实验	（1）态度（科学精神）：在讲述变压器基本原理中自感和互感系数时，融入发明科学家约瑟夫·亨利的故事。 （2）情怀（家国情怀）：讲述低功耗变压器时，介绍中国近几十年变压器技术的进步。 （3）态度（职业态度）：试验融入巡检安全事故＋电气专业毕业生发生的真实事故案例。 （4）态度（职业态度）：讲述电压变化率时融入某运维人员不会分接开关调节技术的真实故事。	（1）多媒体讲授 （2）视频资料 （3）讲述真实经历
3	3 三相变压器及运行 3-1 三相变压器的特点 3-2 变压器的并联运行 3-3 变压器瞬态过程 习题课——概述及变压器	（1）态度（职业态度）：讲三相变压器结构时，融入大型变压器安装应用亲身经历。 （2）态度（职业态度）：讲变压器并联运行时融入医院重症监护室停电，医务人员维持生命的故事。 （3）态度（职业态度）：在变压器突然短路中融入美国大停电事件案例分析。	讲述真实故事
项目三：电动机技术（课内：10 理论学时＋4 学时/电机 CDIO 项目＋2 实验学时/三相异步电动机测定与运行，课外 4 学时/电机 CDIO 项目）			
4	4 交流电机的共同问题 4-1 旋转电机基本原理 4-2 交流绕组 4-3 绕组感应电动势 4-4 谐波电动势及其削弱方法 4-5 交流绕组的磁动势	（1）态度（科学精神）：交流电机的发展史中介绍科学家的对工业文明的推动。 （2）情怀（家国情怀）：中国电机工业发展中，融入"水内冷"技术和发明人的故事，并介绍单机容量世界最大机组。 （3）态度（职业态度）：结合电机拆转项目内容，讲毕业生"拧螺栓"提升总结分析能力的故事。	（1）多媒体讲述 （2）讲述真实经历

续表

5	5 异步电机的理论分析与运行特性 5-1 异步电机的基本结构 CDIO项目：电机认识（单班进行） 5-2 异步电机运行分析 5-3 异步电动机的功率平衡和转矩平衡 5-4 异步电动机的转矩特性及稳定运行条件	（1）态度（科学精神）：在三种工作状态中讲电磁制动作用，采用电梯、起重机失灵案例。 （2）态度（职业态度）：电动机与发电机运行方式中介绍改装案例。	（1）重物演示 （2）洗衣机改成发电机视频
6	6 异步电动机的起动和调速 实验：三相异步电动机测定与运行实验	无	无
项目四：发电机技术（12理论学时＋3实验学时/三相同步发电机的并网运行）			
7	7 同步电机的基本理论和运行特性 7-1 同步电机的结构 7-2 同步电机的空载运行 7-3 对称负载时的电枢反应 7-4 隐极同步发电机分析方法 7-5 凸极同步发电机分析方法	态度（家国情怀）：融入三峡工程中电机的国产化案例。	多媒体讲述
8	8 同步电机的运行 8-1 同步发电机的并联运行 8-2 同步发电机功角特性及功率调节 1. 功角特性 2. 有功功率的调节 3. 无功功率的调节	态度（家国情怀）：从并网技术的改变（由简单电气化到自动化、智能化）谈世界能源互联网构想。	多媒体讲述、国家领导相关讲话

第三节 教学设计法应用实例

续表

8	4. V形曲线 习题课——异步电机、同步电机 实验：三相同步发电机的并网运行	态度（家国情怀）：从并网技术的改变（由简单电气化到自动化、智能化）谈世界能源互联网构想。	多媒体讲述、国家领导相关讲话

说明：嵌入 CDIO 项目。与本课程实训打通，学生团队实做一个变压器、一台电动机的真实生产项目，课程内嵌入 3 个 CDIO 任务，为项目的前序内容。学生在完成项目中体验，记录真情实感，团队集体总结汇报。

课程思政融入：①职业态度；②团队合作。

六、教学考核与评价

（通过考勤、作业、课上提问、随堂测验、小组讨论、课内实验、期末考试、期末考查等方式，对学生知识掌握、技能提升、素养培养等情况进行综合评价。）

成绩评定方式：过程性成绩占比 50%；终结性成绩占比 50%。其中过程性成绩评定指标包括考勤、作业、课上提问、实做项目、随堂测验等。

总评成绩＝过程性考核 50%＋期末终结性考核 50%；

过程性考核＝平时成绩×25%＋期中成绩×10%＋实验和项目成绩×15%；

平时成绩＝超星课程线上平台记录（考勤、作业）85 分＋上课表现（加或减）＋15（基准分）；100 分为上限，若超出 100 分记作 100。

说明：采用"知识＋能力＋态度"三位一体考核。贯穿全课程教学，对学生的学习态度进行细化考核与评价，包括课前预习和课后复习、作业（线上课程平台完成）、考勤（课堂开课前完成）、实做项目（学生项目工作页按过程打分）。日常考核评价形成平时成绩，每生 50 条以上记录，以促进态度表现进步和习惯转变，从量变到质变。

课程思政融入：职业态度（含终身学习态度）。

七、特色与创新点

（概述本课程的教学特色与创新点。）

（1）上一堂有温度的课，设计"红色教案"，课堂上讲正向价值观的故事点亮学生心中的"光"。

设计制作红色教案和授课 PPT，将富有思政元素的案例故事融入教学内容，没有另外占用课时，在生动教学的同时，注重正确价值观培养。以"显性设计、隐性施工"思路深挖育人元素，在有助于知识的理解和掌握基础上自然融入，创新实践的课程思政路径。

（2）上一堂有体验的课，以 CDIO 工程训练项目达成"真环境＋真项目＋真做＝真感受"，体验式教育锻造软硬能力。

课程中融入项目制教学，团队任务形式开展工厂式全真工程训练，进行融入思政精神的体验式教育，注重工程中的职业素养和关键能力，通过学生亲历工程实际，可以高效地从中获得真切感受，引导学生提升职业素养，并激发起正确的道德情感。以"做"中体验式教育，创新实践"润物无声、春风化雨"的育人效果。

（3）上一堂有态度的课，细化过程性态度评价，构建行为品德养成教育平台。

采用多维考核，注重促进优良行为习惯养成，推行知识能力态度三位一体考核，态度评价上强调细化和过程记录，强化守时守纪、自觉自律、职业态度等。以养成式教育创新实践课程思政落地手段。

三、育人元素融入一次课的课堂教学设计举例

课 堂 教 学 设 计 表

课程名称	电机学		授课教师	××（与×××、××等组成团队）
授课专业	电自 20-1/2		授课日期	2022 年 2 月 28 日（第 1 节教 B202 室）
教材章节	1		教学时长	2
课程类别	□通识教育类　　√专业教育类　　□实践类			
教学目标	了解电机的应用、分类、发展。理论分析基础（物理基础、电路基础、磁路基础）。从电机角度提高学生对本专业和相关行业的认识，增强从业自信。 其中，本次课融入课程思政元素为：态度、情怀。			
教学重难点	课程介绍、电机分类、理论基础。 重点：了解电机的类别与作用；难点：磁的物理参数。			
教学理念、教学方法概述	问题导入，案例讲授为主，穿插提问和讨论，贯穿 BOPPPS 方式。网上题库训练。			
教学实施过程	教学环节	教学时长/min	教学内容、方法、方式	课程思政元素融入说明（可填无）
	课前		超星网络课程平台设置本课程相关信息； 扫码考勤	
	介绍	10	0 导语-课程简介：教师团队、课程认识和形式、考核标准、参考书籍 （网络课程平台融入介绍，过程考核作为强调重点。）	
	引入	5	项目 1. 电机技术基础，1-1 电机的初步认识， 1. 什么是电机？ 1.1 概念：电机定义 问题导入——能源的利用分类？ (Bridge, Objective or Outcome, Pre-assessment)	
	拓展讲授	5	电气科学的发展（交直流大战故事），电力系统的形成 (Participatory Learning)	态度 （科学精神）

第三节　教学设计法应用实例

续表

教学实施过程	拓展讲授	10	1.2 电机的作用：结合电力系统中讲解 提问：生活中的电机应用？ (Participatory Learning，Post-assessment)	情怀 （家国情怀）
	引入	5	2. 电机的理论基础 2.1 物理基础：关于电，关于磁；（中国古代指南针发明） 2.2 电工基础：电路、磁路、电磁作用 (Post-assessment，Participatory Learning)	
	拓展讲授	5	相关衔接课程；总结 (Summary)	
课后拓展			要求课后了解几门课程配套实践教学的开设时间："电机学""发电厂电气设备""电气控制及PLC"，以此学习教学日历的查找和阅读（学校教学网页）。	
教学反思			本次课程学生课堂表现积极，能主动互动交流，师生问答气氛好。 　　课程节奏基本按设计完成，但在最后的高低压电器阶段内容讲授上有所简化，其应用部分下次应着重教学，以便学生对其认识更深刻。	

注　1. 教学环节体现 BOPPPS。
　　2. 若本次课无课程思政元素融入，可以在相应处填"无"。
　　3. 一节或一次课一表。

第六章　显性引导法

建好课程思政引导课和交流平台，对教师开设"课程思政导论""课程思政与教育教学能力"，对学生讲好"大学生核心素养提升导论"课程。

第一节　问题和分析

课程思政涉及两个主体，教师是"教"的主体，学生是"学"的主体。课程思政要有效达成，需要主体能够激发主动意识，教与学双向产生积极的内生动力，然而现实却存在一定阻滞现象。

一、高校专业教师队伍存在育人不足

（一）具体表现

1. 育人认识重视不足现象

在职业教育界，无论是本科、高职还是中职院校，有相当数量专业教师存在"只教书不育人""只传道不解惑"的状况，认为学生道德教育仅是德育老师和思想政治工作者的事。尽管课程思政的推进力度很大，但旧观念的认识改变是需要长期不断倡导才能实现的。

2. 课程思政能力欠缺现象

很多专业教师认同教书育人是一体工作，也能一定程度掌握理解政治思想理论，但育人能力不足，课程思政不得法，不是"过重"，就是"过轻"，甚至影响正常的专业知识传授。

3. 自身修养不够现象

课程思政出实效需要建立在良好的师德师风基础上，需要教师自己先"立德"才能做好"树人"工作。个别教师没有正确信念、品德不足，若是牢骚满腹、负面情绪一大堆，很难为人师表，更别提做好课程思政。

（二）原因分析

1. 职业认识教育缺失

大多数专业教师是非师范专业毕业，没有经历过系统的教育理论学习，对教育的内涵认识不到位，往往没有树立坚定的教书育人职业责任感，同时可能受到应试教育错误观念和教育功利主义的严重影响，在专业教学环节只强调专业知识和技能的传授，而忽视育人作用。

2. 课程思政能力培训机制不到位

随着课程思政的全面推进深化实践，不少教师相关能力欠缺，存在相关的错误认识和实施误区，课程思政的思想理念和实施方法均需要系统指导，比如如何融入学校的育人特色、如何把握"润物无声"、如何有效实现专业思政等。这就需要学校依据上级文件精神，结合自己的实际推进方案，构建好课程思政能力培训体系，为专业课教师提升课程思政能力提供系统有效的培训机制，进一步发挥学校、二级学院、基层教学组织的多级教研作用。

3. 缺乏自我修养提升意识和师德师风自我约束

部分教师除了思想政治理论学习观念淡薄外，更加没有认识到提升自我品德的修养是作为一个教育工作者的职业需要；没有认识到自己的言行举止会潜移默化地影响到学生。少数教师缺乏自我约束力，也没有认识到出现师德、师风败坏的现象，或者在平时的言谈举止中过多地讲求自身发展，这都会给学生带来不良影响等。

二、新时代大学生存在提升核心素养的意识缺失

主体意识不足，唤醒内动力。

（一）具体表现

1. 内涵缺失，认识不全面

不少大学生存在对核心素养目标的缺失的问题，表现为没有理解真正的内涵，在现实中没有确立明确概念和意识，主要和大学生认识的全面性、认识水平直接相关，其对于学习、生活、工作的影响意义没有真正的认识。

2. 存在逆反心理，观念错误

对正面教育存在"空洞大道理说教"的排斥心理，甚至形成错误的理念认识和观念作为自己的思想指导，不但与社会主义核心价值观，甚至与普世价值观背道而驰，对自己的成长之路形成巨大阻碍，更有甚者会危害社会。

3. 知行不一，自我约束不足

新时代大学生大多数积极向上，但在现实生活中，很多人对核心素养内容了解，但也时有不同程度的知行不一的表现。对于迟到、旷课、不礼貌甚至不道德的行为缺乏应有的个人约束力。

（二）原因分析

1. 修养的自我意识缺乏

不少大学生因成长环境和阅历不足，缺乏正确的自我意识，同时缺乏自省的行动、自控的觉悟和自我教育的恒心毅力。自我意识是改造自身主观因素的途径，它使人能不断地自我监督、自我修养、自我完善。大学生缺乏修养的自我意识，必然导致缺少树立核心价值观的内动力。

2. 社会失范现象的影响

当前，中国正处于经济快速发展和社会快速转型时期，各种矛盾相对突出，不可避免地出现了一定社会失范现象，特别是与社会发展进程不相符合的道德失范现象，如乱扔垃圾、随地吐痰、遛狗不牵绳、闯红灯、广场舞扰民、高铁"霸座"、网络语言粗俗、外出旅游不文明等。导致部分大学生对于是非、善恶的观念发生扭曲，对于主流价值观念产生了困惑和误解。

3. 自媒体负面信息的冲击

随着网络技术的发展，自媒体以其独特的优势为人们带来了信息巨量和迅捷的便利，并逐渐成为大学生学习、生活的重要工具。相对于传统媒体而言，自媒体管控难度很大，大学生较为容易地接触到世界多元文化，其中包含大量消极文化、垃圾信息、未经验证的不严谨信息，往往会导致大学生产生更多的心理困惑、审美庸俗，甚至人生观受到冲击，造成价值观偏离社会主流。

4. 西方错误思潮的侵蚀

中国在改革开放以来，与国际联系越发广泛和紧密，西方各种社会思潮纷至沓来，崇洋媚外的现象依然存在，自由散漫、享乐拜金、追求功利等西方文化通过网络、影视作品等渠道不断对大学生产生了强烈的侵蚀，使其思想、心理、行为等逐渐偏离了核心价值观的导向。

5. 教育相关方共同育人的弱化

一段时期以来，人们在教育认识方面曾经出现了一定错误观念，且一直影响到现在，主要有以下几方面的表现：一是重知识轻德育现象，考试定终生的制度和意识一时无法改变；二是认为教育是学校责任，忽视了家庭、社会的作用；三是学校德育只关注思想政治教育。缺少育人大格局意识、大思政观念，没有形成全社会育人的合力，这就使得大学生对自身核心素养提升意识的淡漠和忽视。

三、显性引导法的提出

从上述分析中可知，教与学两方面均存在认识问题，会直接影响课程思政的高效实施。为此，我们结合以往教学改革实践的成功经验，提出"显性引导法"，针对课程思政实施这一系统工程，开展"导论式"教育。其目的是通过此法帮助教师"立德、明理、获技",引导学生关注核心价值观养成、唤醒自我意识,获取师生的理念认同、行动协同、目标趋同,最终取得课程思政实施的良好效果。

第二节　面向教师的显性引导法应用

一、教师是课程思政的关键

习近平总书记数次谈到教师的育人的重要性,如 2016 年 12 月 7 日,在全国高校思想政治工作会议中强调:教师做的是传播知识、传播思想、传播真理的工作,是塑造灵魂、塑造生命、塑造人的工作。教师不能只做传授书本知识的教书匠,而要成为塑造学生品格、品行、品味的"大先生",对教师的育人作用提出切实的要求。《高等学校课程思政建设指导纲要》(教高〔2020〕3 号)专门要求"提升教师课程思政建设的意识和能力",特别指出:"全面推进课程思政建设,教师是关键。要推动广大教师进一步强化育人意识,找准育人角度,提升育人能力,确保课程思政建设落地落实、见功见效"。明确指出了课程思政的关键是教师,同时提出要提高教师课程思政的认识、能力和方法。

下面以浙江水院为例,具体讲述面向教师的显性引导法应用。

二、应用案例

(一) 引导目标

1. 立德

个人政治素质过硬,有正确的理想信念,品格高尚,涵养丰富。

2. 明理

理解思政内涵和德育要素,懂得做人做事。

3. 获技

善于挖掘课程蕴含的德育元素和承载的育人功能,会基于课程思政的教学新设计。

(二) 引导内容梳理与提炼

1. 学习材料

一方面是习近平总书记新时代教育相关论述；另一方面是中共中央、教育部、省教育厅等上级部门下达的相关政策文件。教育界专家、学者相关研究成果和兄弟院校的相关成功经验。

2. 学校特色材料

结合学校课程思政推行实际情况，总结提炼出学校特色材料，主要内容为：①浙江水院"课程思政十点共识"，包括课程思政指导思想、课程思政理念、课程思政应然样式、课程思政学生效应、课程思政元素、课程思政目标、课程思政做到"三个要"、课程思政把握"三个点"、课程思政之美境界、课程思政工作要求。以上十点是解决教师实施课程思政时面临的主要理念认识问题。②浙江水院"课程思政十法"，是浙江水院结合长期育人经验形成的开展课程思政的主推途径和方法。③浙江水院牵头的"本科、高职、中职一体化课程思政教学体系"相关材料。④浙江水院《课程思政实施方案》（浙水院〔2020〕73号）等相关推进落实文件与材料。⑤学校传承的育人特色经验。

(三) 专项引导课程

推出"课程思政导论""课程思政与教育教学能力"等课程思政专项引导课程，"课程思政导论"是针对课程思政实施教师队伍普遍开设，"课程思政与教育教学能力"是针对青年教师，特别是对每年新入职教师定期开设。

(四) 开展巡讲全覆盖

浙江水院为切实引导推进课程思政实施，针对全校范围开展了两轮巡回宣讲活动。

1. "理念认识"引导

浙江水院在出台《课程思政实施方案》后的起始年，以"课程思政十点共识""课程思政十法"等为主要内容,由教学副校长带队到每一个教学单位,以领导讲座、点评教师汇报示范案例的形式,引导解读教师的课程思政的理念认识问题,实现所有教学单位巡讲全覆盖。

2."实施方法"引导

浙江水院在开展"理念认识"巡讲的第二年,以"课程思政课程认定""课程思政元素六进""课程思政示范二级学院建设"等具体实施为主要内容,由教务处、教师教学发展中心主要负责人带队到每一个教学单位,以讲座的形式,引导解读学校开展课程思政的主要方法,实现所有教学单位巡讲全覆盖。

(五)建设显性引导平台

在"红色资源法"章节中论述了"课程思政资源平台建设"内容,浙江水院开展了"六基地、五库、一平台、一网站"建设,这些展示交流平台为显示引导法的应用提供了良好的支撑。

(六)形成"引导"组织与机制

浙江水院面对教师的显性引导工作,实施单位为"水文化+"课程思政教学研究中心,该中心工作由学校教师教学发展中心协同管理,教务处负责牵头抓总。以上专项课程、宣讲活动结合课程思政相关培训和教师教学竞赛等一并纳入教师教学发展中心年度计划,并成为浙江水院提出的"四阶段递进式"教师教学能力培养体系具体内容之一,以此形成教师队伍课程思政显性引导机制。

第三节 面向学生的显性引导法应用

一、学生认同感也是课程思政的关键

(一)课程思政认同感的意义

有思想政治教育者专门对大学生社会主义核心价值观认同培育

开展研究，认为可以进一步以道义认同、心理认同、行为认同为更高目标。课程思政的高效实施同样适用于此观点；其实，让学生产生初步的认同感更为困难，也最为关键，源于前一节中所面临的"新时代大学生存在提升核心素养的意识缺失"的严峻状况，因此面向学生的显性引导法应用的目的就是要对上述认识阻碍进行"冲关破壁"，建立课程思政认同感。而要产生课程思政初步认同感首先应触发正确的自我意识。

（二）课程思政自我意识的建立

根据认识心理学理论，自我意识可以有"知、情、意"三方面的形式，包括自我认识、自我体验和自我调节，自我认识是自我意识的认知成分，自我体验是自我意识在情感方面的表现，自我调节是自我意识的意志成分。以此对课程思政自我意识的建立进行分析。因此需要学生对道德品格、行为规范、家国情怀、文化素养和核心价值观等"重点优化课程思政内容供给"进行正确需求理解，在此基础上进行自身状况的反思和自我评价，形成自我教育、自我发展的积极认识和行为。

下面以浙江水院为例，具体讲述面向学生的显性引导法应用。

二、应用案例

（一）引导目标

引导学生以"信仰、态度、相助、诚信、感恩、情怀"等核心价值观涵养自己，重视关注为人处世教育。

（二）开设必修引导课程

面向全校所有学生，开设"大学生核心素养提升导论"必修通识课程，作为学校校本特色课程，在本书前述"分类建设法"章节的"分类建设法案例"中有具体内容论述，结合学校的课程思政特色，唤醒学生的课程思政自我意识，为后续专业教学中课程思政的有效实施打下基础。

（三）继承核心能力培养的传统做法

在本书前述"模式创建法"章节中集体介绍了浙江水院"SWH-CDIO-E人才培养模式"案例，该模式的一个重要特色是"职业核心能力"贯穿教学全程培养。职业核心能力，即"软技能"，又称通用能力、关键能力，"大学生核心素养提升导论"就是对此能力培养的导论课程，其培养途径是导论课—贯穿专业教学全程培养—能力认证。该实践浙江水院已经开展十余年，在持续开展的基础上，秉持继承、融合、发展的理念，结合学校课程思政实际推进，重点建立学生对课程思政认同感，不断激发学生自我培养的内生动力。

第七章　隐性融入法

"隐性融入法"是指课程思政实施中采用隐性教育具体方法的延伸应用，特别是针对专业类课程的课程思政应用实践，通过类似隐性教育方法添加育人与成才的有效"复合肥"，有效落实课程思政润物细无声的良好效果。

第一节　背景与方法的提出

一、隐性教育的根源

"隐性教育"这一术语的提出，教育界普遍认为最早发源于美国著名教育学家杰克逊于 1968 年出版的《班级生活》（*Life in Classrooms*）一书，他在这本书中首次提出"隐性课程"（Hidden Curriculum）这一概念。虽然之后几十年关于隐性教育的论述较多，但基本特征论述都是一致的，就是受教育者未能察觉的一种无意识教育方式，往往通过体验、环境影响和心理暗示，降低了其对抗性，从而"无意地"获得了感悟、激发了情感。

其实，隐性教育在中国自古就备受推崇。战国时期"孟母三迁"的故事；南朝宋时期历史学家范晔编撰《后汉书·第五伦传》中有"以身教者从，以言教者讼"之语；中国俗语"言传不如身教，身教不如境教"；我国教育家叶圣陶说"凡为教，目的在达到不需要教"。以上都在强调"潜移默化""润物无声"的育人方式。隐性教育是相对显性教育而提出，从 20 世纪 90 年代开始的关于思想政治教育的论述中有较多的提及，认为是教育意图不被教育对象明显感觉到的方法。

二、隐性融入法的提出

学校的正式的德育课程，如思想道德修养、法律基础、形势政策等课程属于显性教育课程。我国传统的道德教育是以显性教育为主体的教育模式，显性道德教育是指德育工作者通过明显地、直接地向受教育者表明道德教育的目的、任务和内容的教育活动使受教育者受到影响的有形教育方式。对于要清晰地讲透马克思主义理论的逻辑，揭示规律的科学性、深刻性，帮助学生形成对社会发展规律的理解能力的同时，还要帮助学生形成正确的价值观和政治认同，其教育效果显著。但一段时间以来，我们重视显性的德育教育的同时，忽视了其他课程的隐性育人功能，从而产生了育人效果的局限性和无力感，可以体现在以下三方面。一是若教学内容上一味教授枯燥乏味的道德原则、观念、规范，脱离生活实际，使学生产生空洞感，德育容易变成空喊"口号"；二是若教学方法采用单纯的说教，会使学生产生逆反心理，当代大学生的自主意识很强，从心理上崇尚自我、反对被动灌输；三是考核评价无法直接测验道德品质，学生的道德品质不是在分数上，而是表现在日常生活中，通过相关知识掌握程度来评价学生往往只会形成"道德人格假象"。

习近平总书记在全国高校思想政治工作会议上强调："要用好课堂教学这个主渠道，思想政治理论课要坚持在改进中加强，提升思想政治教育亲和力和针对性，满足学生成长发展需求和期待，其他各门课都要守好一段渠、种好责任田，使各类课程与思想政治理论课同向同行，形成协同效应。"那么如何发挥"其他课程"的育人作用？高等学校课程思政建设指导纲要（教高〔2020〕3号）提出："让所有高校、所有教师、所有课程都承担好育人责任，守好一段渠、种好责任田，使各类课程与思政课程同向同行，将显性教育和隐性教育相统一，形成协同效应，构建全员全程全方位育人大格局"。由此可见，其他课程的隐性教育有着与思想政治课程的显性教育同样不可缺失的育人作用，也充分说明了隐性融入法应该成为课程思政实施的有效方法。根据长期教学实践，浙江水院发现体验式教育和养成式教育是采用隐性融入法实现课程思政的两种非常有效的模式。

第二节　隐性融入法应用的两种有效模式

一、体验式教育

（一）从心理学与生理学角度看体验式学习

研究表明，适度兴奋感加上适当的注意力能够实现最佳的学习效果，这一现象可以用"耶基斯-多德森法则"来解释，最初由心理学家罗伯特·耶基斯和约翰·迪灵汉·多德森于1908年发现，如图7-1所示。在教育教学过程中，无论是容易还是复杂的学习任务，如果过于放松，没有引起注意，形成兴奋点，学习效果是极差的。体验式学习正是强调在亲历过程中获取感受，激发体会和情感，是加持适度兴奋感和注意力的良好方式，能够确保达成最终的学习效果。

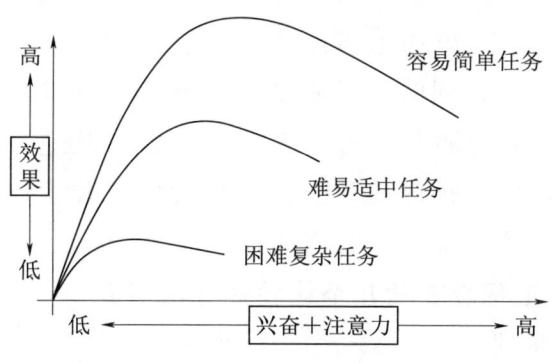

图7-1　耶基斯-多德森法则

（二）体验式教育的发展

体验式教育的萌芽最早可追溯到古代，中外教育家的教育思想中均可发现体验式教育的影子，如中国孔子的游学教学方式、古希腊苏格拉底的"产婆术"教学方式等。且从古到今一直受到教育家们的普遍关注，捷克教育家夸美纽斯在《大教学论》中写道："一切知识都是从感官开始的。"《大教学论》是捷克教育家扬·阿姆斯·夸美纽斯创作的教育学著作，首次出版于1632年，是西方近代教育史上第一部体系完整的教育学著作。著名教育家杜威认为："体验是个人与环境之间的互动，体验不仅仅是当下，还将过去和未来结合起来。""经验"是杜威教育哲学的核心。20世纪80年代，哈佛大学库伯教授在前人研究基础上，完成了体验式教育的理论体系，发表了《体验学习——让体验成为学习和发展的源泉》，他认为学习是"通过经验转化创建知识的过程。知识来源于经验的获得和转化过程的综合"，提出了"体验式学习循环模式"。倡导将学习的环境从课堂转移到车间、家庭、社区等工作、娱乐或表达情感的地方，提出学习不能没有体验，没有体验就没有反思、没有感悟，也就没有成长与发展。上述思想对"教学即传递"的传统教学观念产生了巨大的挑战。

体验式教育的重视程度不断被提升，在高等教育、职业培训、基础教育等方面得到广泛的应用，在我国也是如此。特别是20世纪末以来，我国高等教育中"教学即传递"的陈旧观念普遍存在，缺乏教学有效互动，"单声道教学方式"一度成为"水课"的标识，课堂教学质量下降，同时严重造成学生的学习与社会实践的脱离，以及道德情感培养的弱化，近年来，教育界对此进行了批判和改革实践，体验式教育在此背景下受到了极大关注和发展。因此针对课程思政的体验式教育研究与实践具有多重意义。

（三）面向工程教育的几个体验式方法简介

1. 项目教学法

根据教育学界相关说法，项目教学的萌芽始于欧洲劳动教育，

第二节 隐性融入法应用的两种有效模式

现代项目教学法源于约翰·杜威教育思想，但"项目教学法"的说法最初提出并不是杜威，而是他的学生威廉·希尔德·基尔帕特里克，1918年秋天，基尔帕特里克在哥伦比亚师范学院学报上发表了一篇颇具影响力的论文，题为"项目方法"（The Project Method or "Approach"），方法设计体现了杜威提出的"做中学"的理念，另外基尔帕特里克认为，除非给予学生自由的发言权和选择权，否则功课只会是繁重的工作。但杜威认为，基尔帕特里克提出的无节制的"学生选择"是一种误导，他认为老师应作为项目化学习设计者，是构思、组织、指导、评价和反思等环节的引导者。"项目方法"就这样引起了美国教育工作者的广泛关注，并在质疑和交流中不断完善；1935年，德国学者佩特森翻译了基尔帕特里克的"项目教学法"，并和杜威等人的研究汇集一起，以《项目计划——基础与实践》为书名发表。1965年以后，项目教学法在欧洲教育界重新获得重视。所以说，尽管基尔帕特里克因为"项目方法"提出而闻名，但后续公认的项目制教学或项目化学习的基本法则形成，则源自于杜威对基尔帕特里克的批评以及其后的不断完善。项目制教学是良好的体验式教育方式之一，也切合杜威提出的"教育即生活"和"学校即社会"的教育思想。

杜威在哥伦比亚大学担任教职期间，接触大量外籍留学生，这其中包括胡适、冯友兰、陶行知、郭秉文、张伯苓、蒋梦麟等一批中国学者。从1919年5月至1921年7月期间，受相关弟子邀请，曾先后到北京、南京、杭州、上海、广州等地讲学，他的"做中学"等实用主义教育思想对中国教育产生了巨大影响，直到今天。随着新时代科学新技术发展和生产组织复杂性日益提高对高等教育人才培养提出了新的要求，项目教学法这种快速促进学生掌握工程技能、提升创新能力的方法受到工程教育工作者的青睐，同时，以工程为背景的综合训练还能有效培养学生核心素养，且非常符合课程思政"润物无声"的效果，特别值得我们进一步实践探索。

2. 校企合作教育

合作教育最早形式是欧洲工读教育，19世纪末美国经济快速发展导致实用性人才需求剧增，为合作教育的形成提供了外部条件，目前均认为始于1906年赫尔曼·施奈德教授在辛辛那提大学土木工程专业合作计划的实施，它是将学校学习和校外实践结合在一起的一种教育策略或人才培养模式。后来，许多学校追随这一模式开展合作教育。1962年美国成立了合作教育委员会，它认为："合作教育是把课堂学习与通过相关领域中生产性的工作经验学习结合起来的一种结构性教育策略，学生工作的领域是与其学业或职业目标相关的。合作教育通过把理论与实践结合起来提供渐进的经验"。合作教育既能促进学生的知识获得效果，又能提高综合素质和对社会的适应性，因此成为各国家高等教育、尤其是工程教育所普遍接受的模式，中国也是其中之一。经过多年来的理论和实践探索，我国学者就校企合作教育的作用已经达成了共识，即校企合作教育是一种以培养学生的全面素质、综合应用能力和就业能力为重点，充分利用学校和企业两种不同的教育环境和教育资源，采取课堂学习和学生通过实际的顶岗工作实践的有机结合，来培养适合不同用人单位需要的教育模式。

3. 服务学习模式

"服务学习"（Service-Learning）在西方国家开始于20世纪60年代，源于志愿者服务计划，是将服务和学习相结合的一种尝试，强调"真实性（Reality）、反思性（Reflection）与互惠性（Reciprocity）"，近几十年来在美国得到迅猛发展，成为其公民教育的重要形式。近年来，服务学习作为教学模式在全球范围内得到广泛推广，并在实践中取得了良好的效果。教育界普遍认为"服务学习"模式对我国高校实践育人有着重要借鉴作用，构建政府、社会、学校、教师、学生的实践育人共同体，将学生专业学习与社会实践相结合，进一步推进实践育人也是探索课程思政的新途径之一。相关内容将在本书的"行走课堂法"中具体论述。

二、养成式教育

我国有不少学者对养成式教育进行了研究,并从不同角度对其进行了定义,其中较流行的是:所谓养成式教育,是指通过有计划、有步骤的系统教育,通过长期、耐心、细致的无数次训练,使教育对象将规范标准内化为自我要求,逐步形成高尚的道德情操和良好的行为习惯。

(一) 养成式教育的发展情况

养成式教育很早形成并受到中外很多教育家的认同。孔子提出"性相近也,习相远也",说明了后天养成的习性受外界影响甚大。亚里士多德也强调必须重视培养学生的习惯,他指出"在教育儿童时,我们当然应该先把功夫用在他们的习惯方面"。相对而言,养成式教育在中国传统教育思想中相对较系统、传承较悠久。如荀子的养成教育思想就形成了一定体系,包括理念、方法和途径等,相关论述如下:①长期积累的过程,必须持之以恒:"学不可以已。"②从细微之处践行:"不积跬步,无以至千里。不积小流,无以成江海。"③强调环境氛围对人的发展、习惯的作用:"习俗移志,安久移质。""居楚而楚,居越而越,居夏而夏,是非天性也,积靡使然也。"

教育家叶圣陶先生对青少年养成教育曾有系统而具体的论述,他在1919年写的《小学教育的改造》中提到,"今后的教育要着力于扩充儿童兴趣所及的范围,并使他们养成终身的习惯。"《中共中央关于改革和加强中小学德育工作的通知》(1988年12月25日)明确指出:"德育对中、小学特别是小学生更多的是养成教育。"在《中共中央国务院关于进一步加强和改进未成年人思想道德建设的若干意见》(中发〔2004〕8号)中提出"对加强和改进未成年人思想道德建设要遵循坚持知与行相统一的原则""既要重视课堂教育,更要注重实践教育、体验教育、养成教育,注重自觉实践、自主参与,引导未成年人在学习道德知识的同时,自觉遵循道德规范"。

综上所述,大多研究者借鉴古今中外成果为具体实践提供一定的方向性指导,而很少提出具有可操作性的方法和途径。同时,目前养成教育更多的是针对未成年人的德育教育,应用在大学生的高等教育较少,即便有,也是少量集中在理论研究方面,鲜有对具体的途径、方法等实践探索;特别是从专业课育人角度,结合课程思政开展养成式教育实践基本未见。

(二)养成式教育面向课程思政的应用意义

工业革命以来,功利主义思想对西方高等教育产生了巨大影响,但一定时期对可持续发展能力的忽视也引起教育界对教育本质的反思。耶鲁大学第22任校长理查德·莱文就说过:"真正的教育不传授任何知识和技能,却能令人胜任任何学科和职业,这才是真正的教育。"1936年10月15日,爱因斯坦在纽约州立大学举行的"美国高等教育三百周年纪念会"上做了《论教育》的演讲,其中一句成为了名言:"如果一个人忘掉了他在学校里所学到的每一样东西,那么留下来的就是教育。"以此出发,我们对教育的解读可以是:知识是死的,容易遗忘,但最不会遗忘的是长期形成的能力、品格、素质、习惯等,这恰好是养成教育所适宜的领域。这一说法与我们现今强调高等教育回归、追求教育的育人本质是一致的。同时,西方高等教育的相关问题,近年来在我国也存在且不容忽视。

早在1999年6月13日,中共中央国务院出台《关于深化教育改革,全面推进素质教育的决定》(中发〔1999〕9号),提出"实施素质教育应当贯穿于幼儿教育、中小学教育、职业教育、成人教育、高等教育等各级各类教育"。2018年本科教育大会之后,教育部出台《关于深化本科教育教学改革 全面提高人才培养质量的意见》(教高〔2019〕6号)提出:"把课程思政建设作为落实立德树人根本任务的关键环节,坚持知识传授与价值引领相统一、显性教育与隐性教育相统一。"而养成教育是在日常生活中逐渐形成的,无论何种融入的方式,均不是枯燥的说教,养成教育的核心在于"养",这是隐性教育的属性体现。课程思政应用养成式教育的探索,这是教育观念的回归,也是育人方法的发展。

(三) 从评价出发探索养成教育的课程思政功能

中国大学生德育存在较大难度,一定程度体现在品格和行为规范的日常教育上,除了思想政治课程任课教师、思想政治辅导员的教育责任外,还需要其他课程和教师担负起重要的育人作用。"坚持知识传授与价值引领相统一"就是要将专业知识能力培养与行为规范养成融为一体。如何在专业课程中推行这一养成式教育实践?从养成教育是"将规范标准内化为自我要求"的定义看,其关键点是首先要有规范标准,因此专业教学过程中对学生的评价是实现养成教育的核心环节。

2020年10月中共中央国务院印发《深化新时代教育评价改革总体方案》提出:"完善过程性考核与结果性考核有机结合的学业考评制度,加强课堂参与和课堂纪律考查,引导学生树立良好学风。"注意要充分理解此处的"过程性评价"含有的综合育人效果,需要站在落实立德树人根本任务基础上,更深层次地认识过程性评价的意义。过程性评价主张凡是具有教育价值的结果,都应当受到评价的支持与肯定,主张对学生学习的动机态度、过程和效果进行三者统一的评价功能,因此过程性评价更能体现育人内涵,落实课程思政要素融入评价。由此,浙江水院长期推行了"态度"考核为中心的过程性评价改革实践。

第三节　隐性融入法应用典型案例

浙江水院推行项目制教学和"知识+技能+态度"(KSA)三

位一体课程考核的教改实践已连续开展十余年,成为推进课程思政实施隐性育人的有效方法,实现了学校教学主管部门出台文件、每学期发布实施和认定通知、二级学院负责具体实施的常态机制,形成了学校特有的体验式和养成式教学育人文化。

一、浙江水院系统推进项目制课程改革实践(体验式教育)

(一)举措思路

强调体验式教育促进学生一定程度亲历工程实际(包括心理上的亲历和参与实践活动亲身经历或"亲为"),可以高效地从中获得真切感受,并激发起相应的道德情感,从而提升职业认识,形成积极的人生态度,促进个性成长,更具学习"获得感",进而对学生在此获得过程中的表现开展评价。

(二)制度文件

浙江水院出台《项目制教学管理办法》(浙水院〔2014〕133号),文件明确:"项目制"教学模式的核心是"以项目为主线、教师为主导、学生为主体",创设鼓励学生主动参与、团队协作、系统运用、探索创新的学习环境,培养学生获取知识的能力、运用知识的能力、团队合作与沟通交流的能力,在课堂教学中融入做人做事教育,深化软硬技能融合培养模式,以此开展过程评价。

(三)教学实施情况

每学期末开展项目制教学认定工作,截至2021年12月,累计认定校级课程151门,特别是专业课程覆盖度较高,如电气工程及其自动化专业的专业课中,采用项目制教学占比为53%。浙江水院的项目制教学结合能力培养形成了不同的特色形式,主要有三类。一是教学做一体形式,采取小班化教学,在实验室上课,实行讲练结合、边学边做,如电子技术、电气控制及PLC、程序设计与语言逻辑等机、电和计算机类课程。二是实做项目嵌入式，主要是在课程中嵌入一定的工程项目，采用教室讲授＋实训室实做的形式，合班授课，分组进行项目，项目强调工程真实性，如电机学、工程测量学等课程。三是工程案例全程结合式，主要适合大工程设计类课程，学生在学校无法真正参与这样的工程项目，教师根据课程内容选取一个真实工程项目，将设计图纸与教学内容结合，实现课程与该项目全程贯穿对接，通过案例对照、模拟设计等方法，实施项目教学，如发电厂电气部分、道路勘测设计等专业课程。

二、学校创新开展"知识＋技能＋态度"（KSA）三位一体课程考核教改实践（养成式教育）

（一）举措思路

实行"态度"考核，实际是搭建一个培养学生优良素质和行为习惯的养成教育平台，教师结合课程实际，细化过程性考核指标，有效促进学生守时守纪、集体精神、自觉自律等习惯的养成；评价体系设计重点考虑两方面：一是平时成绩强调态度考核，包括了考勤、前后排就座、课堂互动、网上自学、练习和测试、作业等多个方面；二是在实做或合作项目教学环节的考核中，强调任务中的团队与个人的合成表现。以评价方法，营造良好课堂学习氛围，不断帮助学生修正行为习惯，态度培养在于品格的养成，提升学生学习的"主动性"。

（二）制度文件

浙江水院出台《"知识＋技能＋态度"三位一体课程考核管理办法》（浙水院〔2014〕132号），提出：知识考核成绩权重系数 $K_k=0.3\sim0.5$、能力考核成绩权重系数 $K_s=0.3\sim0.5$、态度考核成绩权重系数 $K_a=0.1\sim0.2$，课程考核权重系数之和 $K_k+K_s+K_a=1$，考核中须"知识＋技能＋态度"三位一体有机融合，结合课程教学改革可进一步细化，全面评价学生专业知识、能力和态度，最终达到全面提高学生综合素质的目的。

（三）教学实施情况

每学期末开展"知识＋技能＋态度"三位一体考核课程认定，截至 2021 年 12 月，累计认定校级课程 425 门，占学校课程总门数的 30％。

三、一个课程举例

浙江水院"电机学"课程是学校电气工程及其自动化专业、新能源科学与工程专业的专业基础课，目前立项浙江省首批课程思政示范课程建设项目、浙江省一流课程建设项目。也是校级课程思政示范课、项目制和"知识＋技能＋态度"三位一体考核实施课程，下面以该课程为实例，对项目制与"态度"考核做一展示。

（一）课程目标

1. 知识目标

掌握与电机相关的电、磁的知识基础，电机的应用分类、材料等知识。掌握变压器、异步电机、同步电机的工作原理、结构、额定值等知识，运行分析方法，相关参数、性能指标的计算和试验。掌握交流电机的基本理论，包括基本原理、绕组的形成和基础理论、感应电动势和磁动势分析计算等等。

2. 能力目标

具备电机相关系统的初步计算、设计和应用能力；具备电机相关的生产、安装、选配能力；调试、检修、试验能力；运行维护及分析能力。

3. 素质目标

培养良好的思想品德和心理素质，培养吃苦耐劳、爱岗敬业、认真负责、遵纪守时的职业态度，培养适应电气生产团队工作的协作、交流的职业素养。主要蕴含的"水文化＋"育人元素：态度、情怀、团队合作。

（二）设计思路

1. 学情与存在问题分析

"电机学"课程为原理较强的专业基础课，课程内容特点强调原理分析理解、知识要点碎片化，讲授型课堂教学容易枯燥。课程组织形式是课堂讲解＋实验室实习，优点是知识学习系统化，但学生缺乏感性认识，导致难以理解，能力培养容易"纸上谈兵"，知识技能不能结合生产灵活应用，无法达成培养"复杂工程问题的解决能力"的要求。

若嵌入CDIO理念的项目制教学，部分课程内容以"项目模块化"形式重构，呈现生产过程的工程性，课程组织转为学生团队任务完成形式，以学生自主学习、教师指导为特点。不但解决上述问题，还有适合工程能力综合训练的优点，能力不等同于知识，是一种综合的表述，包含了完成一项工作或任务的知识、技能、素质等的综合要素。能力的这种综合要素只能在实践中体现，由此而来的是，能力培养离不开实践。

2. 项目制设计理念与基础

（1）二十五年的创新与传承。"电机学"课程教学团队一直重视工程训练与理论结合，坚持创新与传承精神。学校电机拆转实训室在1997年建成，其创建人是万军、李益、高次奇等老师，该实训室一直为该课程项目提供条件支撑。1996—1997年，万军、李益老师工作之余积极深入变压器研究所、电机生产厂家，虚心向老技师、老工人学习，熟练掌握相关生产技能，研究工艺规范，设计出"全真型"实训项目，同时也一直是本课程项目制教学的主持人和指导教师，其后孙澜、彭学虎老师（两位高级工程师）陆续加入团队，电机学课程坚持相关全真项目教学至今已有25年经验和积累，而且一直没有间断。

（2）真情实感的体验式教育理念。"电机学"课程教学团队从工程教育效果出发，一直尝试项目制教学，并且实施中特别强调融入真实工程背景的体验式教育，通过初步实践，体验式教学可以促使学生不断产生新经验、新认识，并由此发展学生适应自然与社会的能力，形成积极的人生态度，促进个性成长的教学方式。在电机学这样的专业课中实施体验式教学，就是让学生一定程度亲历工程实际（包括心理上的亲历和参与实践活动亲身经历或"亲为"），可以高效地从中获得真切感受，从而提升道德认识，并激发起相应的道德情感。

3. 项目实施特点与方法

近年来"电机学"课程坚持"两个实施要点"。一方面在课内嵌入 CDIO 工程训练项目任务，而且强调构造真实生产情景，本课题将在原有基础上进一步完善设计。另一方面坚持采用"课实交融"，即课内 CDIO 项目与课后的 2 周课程实习任务融合一体，一是分组不变，二是相关内容前后紧密关联，三是进行各团队汇报。

CDIO 工程训练项目有"两个特色亮点"，一是团队完成工厂化全真任务，包括一个变压器、一台电动机生产；二是设计工艺风格的学生工作页，进行过程性团队记录。

最终目标是以"真环境＋真项目＋真做＝真感受"构思，团队完成全真工程项目，实现学生品格和工程能力的体验式培养，掌握电机生产的相关技能，养成吃苦耐劳、团结合作、认真求实、诚实守信等的核心素养。

4. 课程学时分配

根据学校最新的 2019 版人才培养方案，电气工程及其自动化的"电机学"课程为 56 学时，含 8 学时实验，电机实习 1 周，表 7-1 给出学时分配。

第三节　隐性融入法应用典型案例

表 7-1　　　　　"电机学"学时分配

领域	子项目名称（模块章节）	课内学时	CDIO 项目及实验	课外拓展学时
电机技术基础	1. 电机技术基础	4	任务一（CDIO 项目 1 之一：电机初步认识）	CDIO 项目：2 学时
变压器技术	2. 变压器的认识与生产	18+3	任务一（CDIO 项目 1 之二：变压器初步认识）	CDIO 项目选作：5 学时
变压器技术	3. 变压器的试验与分析	18+3	任务二（CDIO 项目 2 选作：小型变压器设计）	CDIO 项目选作：5 学时
变压器技术	4. 变压器的选配与运行	18+3	任务五（实验 1：单相变压器特性试验，3 学时）	
电动机技术	5. 交流电机基础与异步电机的认识	14+2	任务三［CDIO 项目 3：异步电动机的拆装（认识\拆装）］	CDIO 项目：3 学时
电动机技术	5. 交流电机基础与异步电机的认识	14+2	任务四［CDIO 项目 4：异步电动机绕组及下线（模拟下线）］	CDIO 项目：5 学时
电动机技术	6. 异步电动机的运行与选配	14+2	任务六（实验 2：三相异步电动机测定与运行，2 学时）	
发电机技术	7. 同步发电机认识及工作原理	12+3	任务七（实验 3：三相同步发电机的并网运行，3 学时）	
发电机技术	8. 同步发电机运行	12+3		
学时小计		48+8		10（单班）
		课程 56 学时+课外 10 学时+配套实训 1 周		

（三）项目制的具体实施

1. 实施团队教学

本课程长期采用团队教学，一般有四位教师，两位教师主要负责理论教学，两位教师主要负责实践教学，涉及项目教学时均会有一定交叉，团队工作分配见表 7-2。

2. 课程内容组织

CDIO 项目课内布置任务、课外教师指导下学生按分组自主完成，表 7-3 列出了具体的项目任务。另外任务三和任务四中教师的操作示范讲解，需要单班开展。

表7-2　　　　　　　教学团队工作分配

成员	讲授	项目1、项目2	项目3	项目4	汇报评审	评价
教师A	部分	布置总结	介绍、指导	基础介绍	参与	汇总
教师B	部分		基础介绍	基础介绍		汇总
教师C	项目相关	现场指导	全程指导	全程指导	组织	项目负责
教师D			实训指导	实训指导	参与	项目参与

表7-3　　　　　　　教　学　项　目　列

序号	子项目典型任务	参考学时	实施方式	成果要求
1	任务一：电机及变压器认识（CDIO项目1）	1+2（课外）=3	课内集中指导，课外分组实施，每组3~5人，开放实验室	报告＋团队汇报：所有任务实施过程记录汇成一本报告，汇报综合为一次。因学时有限，报告与汇报在课外进行
2	任务二：小型控制变压器设计（选作CDIO项目2）	1+5（课外）=6		
3	任务三：三相异步电动机的拆装（CDIO项目3）	1+3（课外）=4（单班）		
4	任务四：三相异步电动机绕组及下线（CDIO项目4）	1+5（课外）=6（单班）		

表7-3中为课内的4个CDIO项目，另有3个实验项目（2人一组完成）。课程CDIO项目、实验项目、实训项目三者内容融合一体，相互衔接和关联。

3. 项目实施过程

（1）一台电机制作项目（团队完成全真产品）。通过课程项目，每个学生团队均要完成一台真实电机的装配和运行，如图7-2所示。

（2）一台小型变压器制作项目（团队完成全真产品）。每个学生团队还要完成一台真实小型变压器的制作和运行，如图7-3所示。

（3）项目报告（团队完成一份）。每组在项目实施中需完成一

第三节　隐性融入法应用典型案例

图 7-2　电机制作

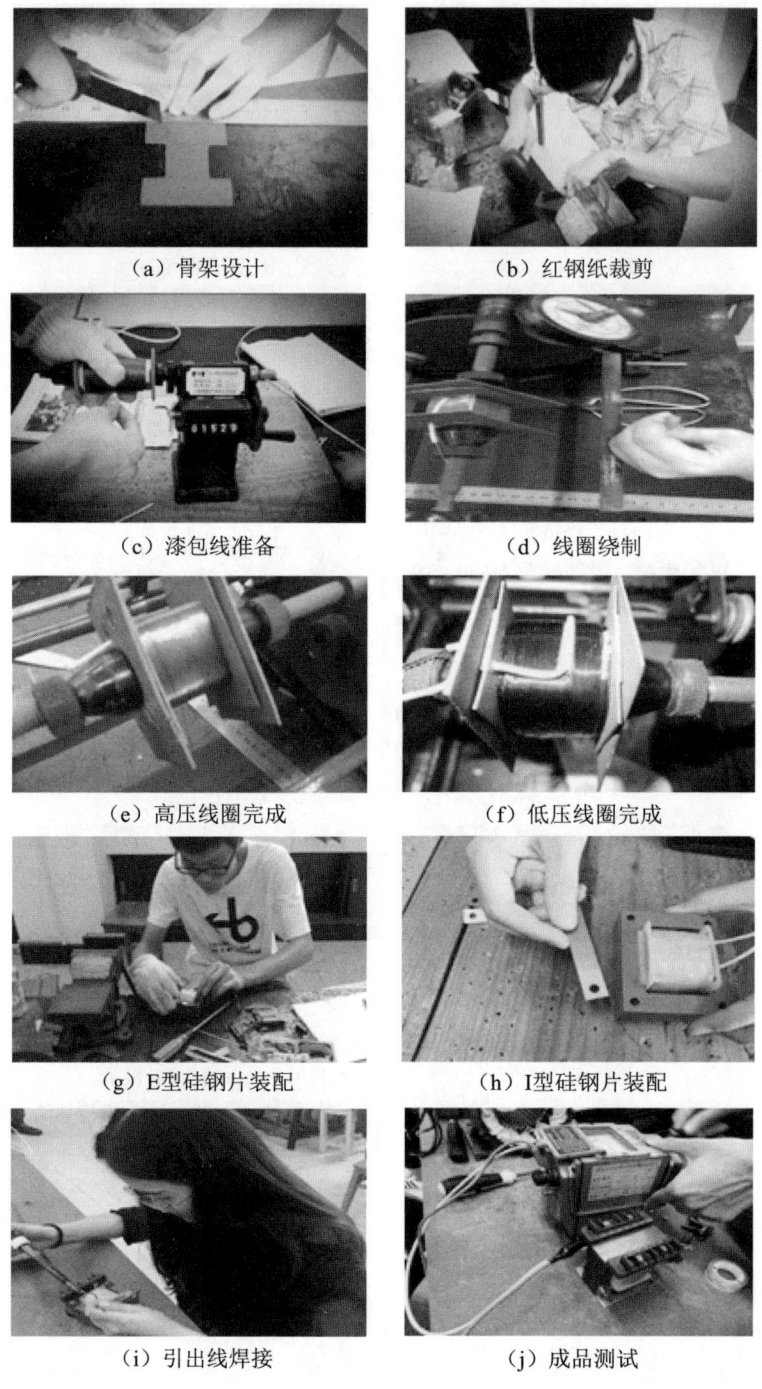

图 7-3 变压器制作

个项目实施工作页记录,如图7-4所示,该学生工作页是指导教师根据项目的工艺流程专门设计,具有三个特点:①工艺风格,全程记录;②自己总结,图文并茂;③团队完成,分工明确。

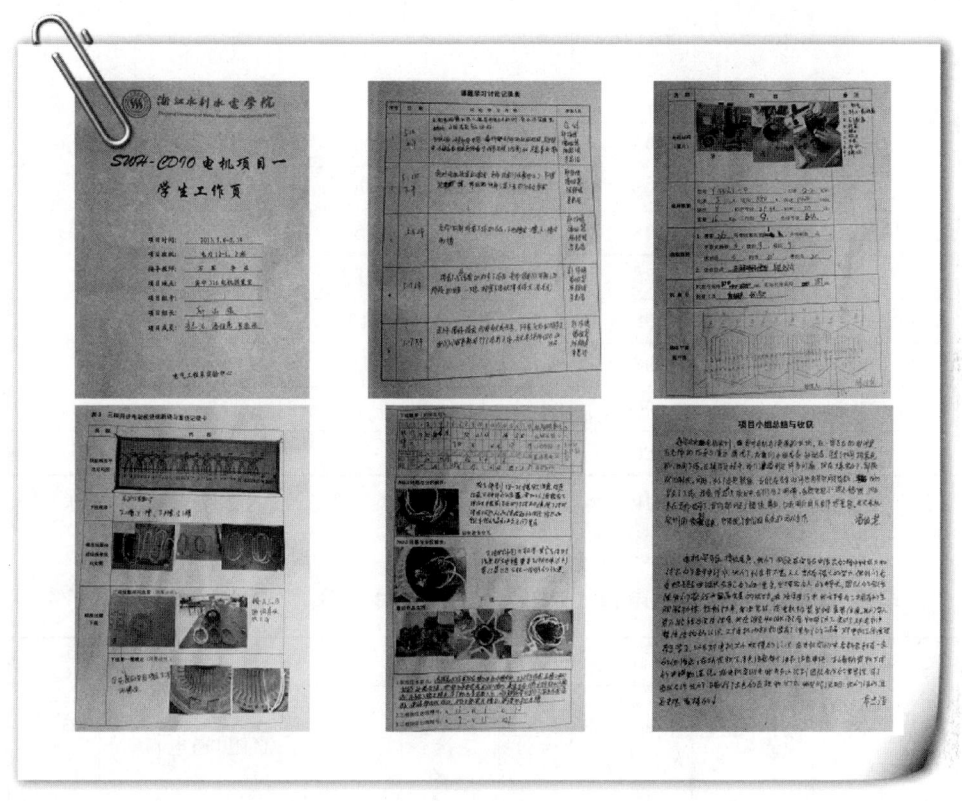

图 7-4　项目实施工作页

(4) 项目汇报(团队共同完成)。提供一个训练分析总结能力、交流表达能力的锻炼机会。学生以团队形式完成汇报 PPT,全体成员一起完成现场汇报。

4. 项目考核评价

(1) 变压器项目操作考核评价。变压器项目分成线圈绕制、装配和检测试运行三个环节,项目评分据此工序进行评分,见表 7-4。

(2) 电机项目操作考核评价。电机项目分成绕线、嵌线、装配和测试 4 个环节,项目评分据此工序进行细化评分,见表 7-5。

表 7-4　　　　　　　　电自 15-1 班变压器项目评分　　　　　　　单位：分

组号	线圈绕制（45%）		装配（5%）	检测试运行（50%）		汇总评价
	高压侧	低压侧	评价	测试结果	报告	
1	86	90	89	88	50	84.25
2	98	98	98	100	96	98.60
3	86	90	97	97	100	93.25
4	90	98	92	50	87	75.60
5	90	98	92	88	93	91.40
6	98	98	95	50	89	77.75
7	98	86	95	88	50	86.35
8	86	98	97	100	75	93.75
9	98	98	100	100	88	97.90
10	98	90	100	70	80	83.30
11	98	86	92	100	50	91.00

注　变压器汇总评价=（高压+低压）×45%/2+装配×5%+（测试结果×0.8+报告×0.2）×50%。

表 7-5　　　　　　　　电自 15-1 班电机项目评分　　　　　　　单位：分

组号	绕线（5%）	嵌线（40%）					装配（5%）		测试（50%）				汇总
		端部	槽绝缘	相间绝缘	端部绑扎	合计	引接线连接、装配	评价	绝缘	直阻	通电	评价	
1	80	90	89	86	86	87.75	87	87	90	96	96	94	90.45
2	95	95	90	90	97	93.00	95	95	99	93	99	97	95.20
3	95	89	90	90	97	91.50	90	90	96	96	99	97	94.35
4	89	90	90	95	90	91.25	86	86	96	99	96	97	93.75
5	85	86	90	98	98	93.00	93	93	96	93	93	95	93.60
6	88	90	88	90	86	88.50	90	90	93	96	96	95	91.80
7	85	88	90	88	87	88.25	90	90	99	96	90	96	92.05
8	97	89	90	90	87	89.00	88	88	87	93	99	93	91.35
9	95	80	70	70	80	75.00	80	80	93	96	96	94	85.75
10	98	99	88	90	96	93.25	90	90	99	99	99	99	96.20
11	85	90	86	90	87	88.25	90	90	90	96	84	90	89.05

(3) 专业技能过程考核评价。本课程最后的项目技能考核分由电机和变压器两个项目评分组成，由于电机的工作任务较为繁重，因此占70%，变压器占30%，见表7-6。

表7-6　　　　　电自15-1班项目技能评分表　　　　　单位：分

项目组	电机（70%）	变压器（30%）	技能成绩
1	90.45	84.25	88.590
2	95.20	98.60	96.220
3	94.35	93.25	94.020
4	93.75	75.60	88.305
5	93.60	91.40	92.940
6	91.80	77.75	87.585
7	92.05	86.35	90.340
8	91.35	93.75	92.070
9	85.75	97.90	89.395
10	96.20	83.30	92.330
11	89.05	91.00	89.635

(4) 项目综合考核评价。项目综合评价包括专业技能、工作页报告、团队汇报三个部分，占比分别为80%、10%、10%，最后个人成绩还需乘以贡献度权重，算出评价结果。这个贡献度权重等于个人的合作评价分除以组内合作评价最高分，而合作评价分是指导教师和组长对每个组员的平时表现评价记录得出。具体见表7-7。

表7-7　　　　　电自15-1班项目综合评分表　　　　　单位：分

组号	姓名	专业技能（80%）	工作页报告（10%）	团队汇报（10%）	合作评价（上限50分）	贡献度权重 K	总计
1	×××	88.59	8	57	48	1	84.57
	×××	88.59	8	57	48	1	84.57
	×××	88.59	8	57	45	0.9375	80.14
	×××	88.59	8	57	40	0.8333	72.76

续表

组号	姓名	专业技能（80%）	工作页报告（10%）	团队汇报（10%）	合作评价（上限50分）	贡献度权重 K	总计
2	×××	96.22	9.3	65	45	0.9	85.08
	×××	96.22	9.3	69	50	1	93.18
	×××	96.22	9.3	61	41	0.82	78.52
	×××	96.22	9.3	57	42	0.84	79.66
	×××	96.22	9.3	73	40	0.8	78.18
3	×××	94.02	9.8	85	47	1	93.52
	×××	94.02	9.8	83	39	0.8298	80.51
	×××	94.02	9.8	81	36	0.766	75.51
	×××	94.02	9.8	81	40	0.8511	81.91
4	×××	88.305	9.8	80	47	1	88.44
	×××	88.305	9.8	70	45	0.9574	84.44
	×××	88.305	9.8	79	47	1	88.34
	×××	88.305	9.8	80	47	1	88.44
5	×××	92.94	9.5	86	49	0.96	89.48
	×××	92.94	9.5	86	47	0.94	87.99
	×××	92.94	9.5	90	50	1	92.85
	×××	92.94	9.5	90	46	0.92	86.90
6	×××	87.585	9.5	76	45	0.9574	84.19
	×××	87.585	9.5	80	47	1	87.57
	×××	87.585	9.5	67	44	0.9362	81.80
7	×××	90.34	8	80	47	1	88.27
	×××	90.34	8	80	47	1	88.27
	×××	90.34	8	76	44	0.9362	83.26
	×××	90.34	8	76	44	0.9362	83.26
8	×××	92.07	9	77	49	1	90.36
	×××	92.07	9	79	44	0.898	83.04
	×××	92.07	9	72	42	0.8571	79.33
	×××	92.07	9	76	47	0.9592	87.25

续表

组号	姓名	专业技能（80%）	工作页报告（10%）	团队汇报（10%）	合作评价（上限50分）	贡献度权重 K	总计
9	×××	89.395	6.5	78	42	0.9333	81.05
	×××	89.395	6.5	82	45	1	86.22
	×××	89.395	6.5	82	45	1	86.22
	×××	89.395	6.5	78	42	0.9333	81.05
10	×××	92.33	9.3	68	49	1	89.96
	×××	92.33	9.3	60	42	0.8571	78.61
	×××	92.33	9.3	67	48	0.9796	88.36
	×××	92.33	9.3	60	48	0.9796	87.66

（四）学生体会举例

本次项目中，我们的问题是态度上有些随意；最大的收获是实地学习到了变压器和电机的制作过程，在整个学习中，我组成员不管是专业技能、还是团队合作都有了长足进步（截取自某组学生汇报视频，由语音转的文字）。

（五）教学团队的教学反思

一段时间以来，高校专业课程注重专业知识的传授，而轻视了学生综合素质的发展；我们在课程实效上的手段与社会资源整合能力方面往往欠缺，或是一味地强制灌输，忽略学生的主体能动性。本课程团队尝试从体验式教育理念出发，构建全真工程情景，进行CDIO工程项目训练，从完全以专业能力培养出发的无意识的设计，转变为学生情感体验和综合能力培养的有意识双驱动，课程实效性大为提升，同时也是课程思政春风化雨、润物无声的良好载体。情感体验和能力培养是育人与育才的"复合肥"，教育效果事半功倍。

第八章 信息技术法

随着信息技术迅猛发展，新时代教育产生了巨大改变，信息技术法就是以信息技术应用于教学同时助力课程思政，通过提高新媒体信息技术辅助教学水平、开展"互联网＋"教学资源库建设、采用适合的"互联网＋"教学形式，探索"互联网＋"课程思政的有效方法和手段。

第一节 意义背景与提出

一、教育与信息技术的融合

自古以来教育源于知识文化的传播，形式就是信息的传递，所以教育离不开信息技术。信息本身也是教育的重要内容，信息技术涉及信息的获取、传递、存储、处理，应用于教育的信息技术也离不开这些应用环节。

信息技术的发展一直改变着教育的形式，从手势交流到口口相传，从岩画到文字记录，从竹简到书籍，从鸿雁传书到电话电视，从打字机到计算机网络，从古至今的教育形式随着人类文明的进程不断更新，反过来随着教育导致人类群体心智的提升进一步促进文明的发展。传播学所说的五次信息革命，第一次是语言的产生，第二次是文字的形成，第三次是印刷术的发明，第四次是电讯和广播电视的出现，第五次是计算机与电子媒介的结合。每一次信息重大变革均对教育产生前所未有的巨大冲击，教育是发展的基础，信息技术是促进发展的重要生产力，教育与信息技术呈现相互依存、循环促进、融合推进文明发展的关系。

二、信息技术法的提出

人类社会进入 21 世纪以来，随着现代信息技术的迅猛发展，现代信息技术与教育教学的融合不断深入，高等教育信息化受到各国的普遍重视，并提到前所未有的高度。从 2012 年以来，我国相关教育信息化领域的政策不断出台，2018 年 4 月 13 日，教育部正式发布《教育信息化 2.0 行动计划》（教技〔2018〕6 号），文件指出"教育信息化 2.0 行动计划是加快实现教育现代化的有效途径。没有信息化就没有现代化，教育信息化是教育现代化的基本内涵和显著特征，是'教育现代化 2035'的重点内容和重要标志"。文件指出该计划的基本原则的首要一条是："坚持育人为本。面向新时代和信息社会人才培养需要，以信息化引领构建以学习者为中心的全新教育生态，实现公平而有质量的教育，促进人的全面发展。"因此，我们针对课程思政实施提出"信息技术法"，就是依据这一条基本原则，以助力高效育人的目标，实践探索现代信息技术与教育教学的深度融合方式，落实立德树人根本任务的要求。教育信息化的核心内容是教学信息化，下面我们以此出发探讨"信息技术法"的理论依据与应用。

第二节　信息技术法的理论依据

一、认知负荷理论

（一）认知负荷理论的基础

20 世纪 80 年代，澳大利亚心理学家斯威勒在 Miller 等人早期的研究基础上提出了认知负荷理论（Cognition Load Theory,

CLT），其理论基础主要包括资源有限理论和图式理论。资源有限理论认为人在学习过程中要消耗一定个体认知资源，而这个资源总量是有限的，若知识信息超过了学生的认知资源，会导致认知阻塞，最终影响学生的学习活动的效果。认知负荷理论假设人类的认知结构由工作记忆和长时记忆组成，认为教学的主要功能是在长时记忆中存储信息，且知识以图式的形式存储于长时记忆中（这里的图式是一种知识框架）。

（二）认知负荷理论的应用

认知负荷理论从认知来源出发有三种类型的认知负荷：内部认知负荷、外部认知负荷和相关认知负荷。

（1）内部认知负荷是指学习材料本质与学习者的专业知识之间的交互形成的负荷。其负荷涉及两方面：一方面是由学习材料的难度带来的，如大学新生学习高等数学和大学语文往往有不同的难易感受，因为对一般学生来说，大学高等数学的相对知识难度较大；另一方面是由学生的经验水平决定的，如两个学生面对高等数学，第一个有一定基础，则压力小，第二个完全没接触过，新旧知识的关联性较少，相对来说后者的内部认知负荷更大。虽然负荷有大小，但我们不能改变学习材料本质，不能降低高等数学课程的知识水平要求，这就与教学信息化无关。

（2）外部认知负荷是指由学习材料的组织方式和呈现方式带来的认知负荷。主要是指对于学习材料的不同信息使用和不同信息呈现方式对于学习效果的差异性很大，比如教师讲到水利大坝的类别，如果只是用"重力坝、土石坝和拱坝"这样的文字传达给学生记忆学习，就远远没有用图片的方式更容易让学生理解和牢固记住，因此，恰当的学习信息呈现方式对减少学习者的认知负荷有明显的作用，这就可以通过信息化技术进行优化。

（3）相关认知负荷是指与促进图式构建和图式自动化过程相关的负荷。这个观点是建立在人类存在提高认知复杂事物的能力和水平的内在功能来说的，这个内在功能就是图式（知识网络）的建构和自动运行，若能够提高这一内在功能的效率，就相当于可以降低人类的认知负荷。这通过信息化技术进行优化。

以上三种类型的认知负荷是可以进行累加的，过高的认知负荷将使学生的学习过程变得困难，但也并非越低越好，认知负荷过低会使学习感觉很枯燥。因此，从均衡认知负荷的角度出发，应当注意降低外在认知负荷或增加关联认知负荷。这也是我们应用信息技术法时所应采取的优化策略。

二、教学信息化的发展

教学媒体是指教与学活动过程中用于存储、承载、传递信息内容的载体和工具，传统的教学媒体往往是语言、黑板、图表、模型、教材和教具等，随着信息化技术飞速发展，教学信息化呈现出日新月异的景象。

（一）多媒体

所谓多媒体教学通常指的是在教学中利用计算机处理多种媒体信息，如语言、文字、声音、图形、图像、影像等信息，把它们按教学要求，进行有机整合并通过屏幕或投影机播放出来，完成教学或训练过程，从而提高学生学习效果。

中国多媒体教学兴起于20世纪80年代末、90年代初，最早是广播电视教育的电化教学应用，然后是小学、中学教学的普及，最后影响到高等教育的课堂教学手段变革。这其中离不开政府部门的推动，1997年，教育部举办了"全国多媒体教育软件大奖赛"，2000年举办了"全国网络课程与多媒体课件大奖赛"，2001年开始举办"全国多媒体课件大赛"，至2022年已举办了十五届。早在2001年，教育部出台《关于加强高等学校本科教学工作提高教学质量的若干意见》（教高〔2001〕4号），提出"应用现代教育技术提升教学水平"的意见中，明确要求"国家重点建设的高等学校所开设的必修课程,使用多媒体授课的课时比例应达到30％以上,其他高等学校应达到15％以上"。经过十年的推动,多媒体课件已成为教师职业必备的技能,教育工作者更加希望科学地应用多媒体技术,如美国著名教育心理学家理查德·E.迈耶的《多媒体学习》中文版2006年一经发行,就广受欢迎。

(二) 网上资源共享

随着计算机网络技术的发展,应用于网络的教学信息化应运而生,最初是以教学资源共享的形式。2001年美国麻省理工学院(MIT)开始推行"开放课件(Open Courseware,OCW)"运动,2002年联合国教科文组织在巴黎召开"高等教育开放课件对发展中国家的影响"论坛,正式提出"开放教育资源(Open Educational Resource,OER)"的概念。2005年"开放课件联盟"(Open Courseware Consortium,OCWC)成立,最终全世界流行优质教育资源分享这一做法,中国高等教育界也积极参与其中。

2012年5月21日中国教育部出台《精品资源共享课建设工作实施办法》(教高厅〔2012〕2号),通过"高等学校本科教学质量与教学改革工程"支持建设5000门国家级精品资源共享课。文件对建设的内容、资源、技术等均提出了具体要求,如在资源要求上提出两方面的建设应用:一方面是基本资源,学生可以根据上传网上的教案或演示文稿、重点难点指导、作业、课程全程教学录像等常规教学资源,开展复习和自学;另一方面是拓展资源,利用案例库、实训(实习)系统、试题库系统、作业系统、在线自测/考试系统等交互性辅助资源开展自我训练。精品资源共享课是以原有精品课程为基础,通过将课程资源共享在网络上,提升课程充分利用网络便捷的分享学习功能,有效地扩大了精品课程建设的应用性和影响力。

(三) 网络互动学习

上述资源共享形式的课程应该说是网络课程的萌芽,2007年美国犹他州立大学的大卫·威利教授的开放课程 Intro to Open Education（INST7150）和 2008 年加拿大里贾纳大学的亚历克·考罗斯教授开设的网络课程 Media and Open Education，成为 MOOC 的雏形，加拿大学者戴夫·考米尔与布莱恩·亚历桑德提出了 MOOC 概念，并强调了"大规模、开放和在线"三个基本要素，此后大规模在线开放课程开始兴起，同时专业化平台提供商的出现降低了建设网络课程的门槛和成本，吸引了很多高校进入网络教育的行列，2012 年后，全世界 MOOC 发展十分迅猛，除了 MOOC（大规模在线课程）外，还结合教育需要，出现了其他在线课程形式的探索，如 SPOC（小规模限制性在线课程）、M（X）L、DOCC（分布式开放协作课程）、MOOR（大众开放在线研究课程）等。

2013 年中国高校，如清华大学、北京大学、上海交通大学和复旦大学等纷纷加入了 MOOC 平台，随后在教育部推动下，各大院校积极开展各类网络课程建设，并在近几年飞速发展。一方面，2020 年新冠肺炎疫情影响下，网络课程的普及进入了一个新的阶段，教育信息化变得前所未有的重要；另一方面，移动网络的飞速发展，再度将网络教育提到一个新的出发点上，高等教育信息化与智能化、5G 技术、VR 技术、大数据、云计算等新技术深度融合起来是网络互动学习的发展新方向，学习变得更有体验感、情景感、交互性，课程思政的空间与时间更加宽泛。

第三节 信息技术法的应用

综合上述内容可知，教育信息化是教育和信息技术相互促进的产物，课程思政是新时代教育背景下育人的重要途径之一，其融于教学内涵中不可分离，结合教学信息化的发展，我们提出的面向课程思政的信息技术法也分成三方面的主要应用，包括信息化辅助、课程学习平台、互动教学组织。

一、信息化辅助

信息化辅助的目的是让信息技术成为课程思政良好辅助工具。其做法是不断提高新媒体信息技术辅助教学信息传达效果，丰富融入育人元素的教学材料展现形式。

（一）课程思政更应结合认知理论实施

从上一节介绍的认知负荷理论得知，信息的形式会极大影响认知效果，那么很明显，课程思政材料的呈现形态同样会直接影响育人效果。若以传统方式呈现课程思政教学材料，仅仅以纯文字或者直白的叙述呈现课程思政内容，效果可能会大幅度降低。同时，课程思政的效果要求是内化于知识传递中的，如果不是信息丰富的资源载体，很难做到这一点，更加不要提如何有感染力。

教学中采用多媒体融合，将课程思政元素与知识信息一体实现传达的丰富性和生动性，符合人类认知的本能，更加直观易懂，更有身历其境的实体感、画面感，增强了课程思政的亲和力和感染力，也让课程思政更易实现潜移默化、润物无声的育人效果，并最终让课程思政的育人效能更高。

（二）信息化辅助的几点应用原则

1. 结合教学设计法中的"10分钟"教学规则

在教学设计法的论述中，曾讲到"10分钟"教学规则，提出8~9分钟的一个教学单元，可以有一个课程思政的融入点，能够起到激荡精神的作用，符合持续保持课堂注意力的原理。但需注意，这个课程思政的融入要能够起到这样的效果，相关材料更应采用有冲击力的信息化形式呈现。

2. 把握课程思政十点认识的"三个要"

浙江水院提出的课程思政十点认识中提出"三个要"。一是"要有料"。教师要厚德，具有高尚的师德，不是单纯有思政课理论，也不是专业课"思政化"，要具备六项必备品格，掌握八种核心能力。有知识、有文化，懂做人、会做事；要有信仰的人讲信仰……老师就是师傅，师傅"功夫深"，才能师出高徒。二是"要会挖"。要会挖掘课程蕴含的思政元素和承载的育人功能，不是单纯照搬思政课内容。课程本身有的内容，学生接受比较容易自然，感觉就是课程内容的一部分。三是"要善融"。选择契合的思政元素（盐），润物细无声，适时巧妙融入。不是单纯为了完成上级要求，硬切入。直添加，比较生硬，学生感觉外加的；思政痕迹比较明显，效果不会好，教学时间也不够。这里的最后一点的"要善融"的解读，可以作为在教学多媒体应用时课程思政材料融合的尺度把握标准。如：浙江水院"电机学"课程讲到水电机组发展时，举例我国建有世界最大水电单机机组的白鹤滩水电站建设的工程奇迹，采用丰富的施工过程的现场视频和动画资料，在伟大工程气势磅礴的画面展示中，也将我国工程技术人员攻坚克难的精神真实生动地进行了呈现。

3. 适用课程思政十点认识的"三个点"

浙江水院提出的课程思政十点认识中提出"三个点"。一是"切入点"。掌握时机适时切入（适时）。二是"动情点"。能够引起学生的情感共鸣、触动灵魂、启迪思想（适用）。三是"融合点"。思政元素与学科专业知识的契合度（适合）。这三点对于指导课程思政多媒体应用均十分适用，特别是"动情点"的具体解读，更是进行信息化辅助的追求目标。浙江水院"大学物理"课程讲到自由落体运动时，教师讲述发生在杭州本地的"最美妈妈"吴菊萍徒手接儿童的真实故事，利用图片和视频资料进行展示（包括术后坚强的笑容、多段粉碎性骨折 X 光片、孩子健康成长等），进行模拟力学计算结果的对照分析，让学生在学习力学的同时，受到心灵震撼，感悟人间大爱。

二、课程学习平台

课程学习平台使用首先是要利用信息技术打造好课程思政良好

平台。其做法是开展"互联网＋"教学，进行课程线上平台学习资料中思政元素挖掘，与资源建设法中资源平台建设部分应用内容相似，但更多的是指课程资源平台建设时课程思政的融入。

(一) 课程资源中育人材料的积累

课程资源学习平台是教学信息技术的重要应用之一，除了上传相应的学习内容外（按照《精品资源共享课建设工作实施办法》的要求），相关材料要以体现正向价值观为根本原则，突出选用课程思政融入效果好的材料。比如浙江水院"电机学"课程所建设的课程网络平台，结合电机技术发展史，收集上传相关科学家的生平和科技贡献简介；结合中国进步，收集上传中国电机工业和工程伟大成绩的资料；结合创新发明，收集上传生活中电机相关的技术革新和小发明视频资料。将这些资料穿插嵌入在自主学习资料中，并设置学习关卡，一节学习完才能进入下一节。在系统中将这些自主学习和视频学习时长设定为一定的网上考核分数占比，成为本课程过程性评价的一部分。

(二) 课程思政微课建设

微课随着网络学习模式发展受到广泛的推行，微课是教师围绕某个知识重难点开展教学设计，一次录制 5～10 分钟的教学活动视频，视频的时长符合上述的"10 分钟"教学规则，可以让学生持续保持高度注意力，又符合网络时代人们碎片化的学习生活的自然规律。因此，这种微课视频比之课程录播资料的应用效果好很多，已成为线上教学单元固定组成形式，也成为课程网络平台的重要内容，结合课程思政的微课建设也成为这里所述的信息技术法的重要方式之一。

(三) 课程思政实现课内＋课外的扩展

通过上述相关的课程资源学习平台建设，课程学习空间由课内扩展成"课内＋课外"，且成为普遍的模式。课程思政资源也需要随之空间扩展，只有把课程思政切实融入到线上教学资源中，在全面满足学生个性化的自主学习需求的同时，有效实现课程思政融入"课内＋课外"学习全过程覆盖。

三、互动教学组织

互动课堂组织是利用信息技术变革课堂教学模式提升课程思政效果。具体是采用多种线上教学形式和网络互动平台，提高教学过程中师生的互动利用率等。如贯穿课前、课中、课后的线上线下混合教学中的课程思政实践。

（一）课中互动中课程思政的共情内化

利用信息化技术可以有效实现课中互动，如以 SPOC 线上线下混合教学形式。课中科学设计合作讨论环节，既可以是师生互动，也可以是生生互动。互动讨论往往有知识学习的引导、记录、总结、反思等环节，发生在团体协作中的知识建构会进一步降低认知负荷，从而提升学习效果。而在此过程中存在思维的往复交流和情感的激荡呼应，其中的课程思政元素若能在"交流互动-从众共情-共促内化"过程中更科学地实现融入，将会达成更加有效的育人效果。

（二）课外互动工具延续助力养成教育

利用信息技术可以改善学习氛围，事实上学生与教师的关系往往会影响学习热情与学习效果。教师应重视并善于利用微博、微信、QQ 等能实时沟通的网络互动软件工具，加强交流和联系。除了可以辅助课内教学外，一方面，可延伸课堂学习，辅助学生实现课前预习、课后复习等，构建自主学习环境，促进学习习惯的养成；另一方面，这些沟通平台与软件具有趣味性、平等性的形式特点，更容易缩短师生之间的距离，建立师生的良好互动关系，便于在日常交流中以言传身教的形式进行课程思政的开展。

第九章 行走课堂法

把课堂搬到校外,引领学生走向广阔的田间地头,扎根中国大地开展专业体验,开展红色追忆、农村蹲守、劳动体验等社会实践活动,将"读万卷书"与"行万里路"相结合,采用"行走课堂法"开展课程思政,体验感更强烈,更容易激发学生的情感,育人实效更易实现。

第一节 意义背景

一、"行走课堂法"的教育传统

(一) 古代传统的由来

"行走课堂法"古来有之,且尤其重要。孔子是这一做法的先驱,他带领自己的学生周游列国长达14年之久,充分体现出孔子重视认识世界与自然的教育观,这也是开启了"体验式教育"和"行走课堂法"的先河。"读万卷书,行万里路",纵观中国古代游学史,行走课堂法一直是备受学子所追捧和奉行,通过这个过程来感悟生活,提升自我的修养操行,甚至成为践行"知行合一"的精神追求。司马迁、韩愈、柳宗元、苏轼、李白等人均有过相应的丰富的经历,并直接影响一生成就的取得。清末洋务派代表人物之一的张之洞,在1898年发表的《劝学篇》中说道:"游学之益,幼童不如通人,庶僚不如亲贵,尝见古之游历者矣。晋文公在外十九年,遍历诸侯,归国而霸。赵武灵王微服游秦,归国而强。春秋战国最尚游学，贤如曾子、左丘明，才如吴起、乐羊子，皆以游学闻。其余策士杂家，不能悉举。"

(二) "知"与"行"的关系

"行走课堂法"的表现形式是将学校教育拓展到社会实践中，其育人的最终目标是实现"知行合一"。中国哲学史上，知行问题是一个重大的问题，"知"与"行"关系就是认识与实践的关系，很多学者都十分重视知行问题的探讨，提出许多深刻的思想，如明代著名学者王阳明提出"知行合一"的思想，就是着眼于关于道德修养、道德实践方面的内化，同时作为认识事物的道理。我们在高等工程教育的现实中应用此思想，也是非常适合的；"知行合一"既可以作为能力和素质培养的方法，也可以看成是"行走课堂法"的目标。

二、"行走课堂法"的现代教育理论依据

由上述内容出发，可以将"行走课堂法"看成是源于实践育人的思想。

(一) 从唯物主义认识观看实践

辩证唯物主义认为：实践是认识的基础，认识依赖于实践，实践在认识中起着决定作用。毛泽东在《实践论》中指出："无论何人要认识什么事物，除了同那个事物接触，即生活于（实践于）那个事物的环境中，是没有法子解决的。"认识的发生、发展、检验和归宿，以及认识过程的每一环节，都离不开实践。实践是全部认识活动的基础，在认识中起着决定性作用。马克思在《关于费尔巴哈的提纲》中指出，"全部社会生活在本质上是实践的"。所以，实践的观点是马克思主义认识论之第一的和基本的观点。总之，实践是认识的来源，是认识发展的动力，是检验认识真理性的标准，是认识的根本目的。

(二) 西方现代教育思想在中国的本土化发展

19世纪末20世纪初随着西方工业化的发展，杜威在批判吸收

前人思想的基础上提出"教育即生活"的主张,强调教育要回归生活。这个教育观影响力巨大,蔡元培、胡适、蒋梦麟、陶行知、陈鹤琴等一大批在外求学的中国学者深受其影响,他们将杜威"教育即生活"的思想与中国社会现实相结合,提出了一系列中国化、本土化的教育理论,如蔡元培"五育并举"教育方针、晏阳初"四大教育""三大方式"、陈鹤琴"活教育"思想等,特别是陶行知的"生活教育"理论。陶行知立足于当时中国社会现状,在初步探索成果的基础上,对杜威的"教育即生活""学校即社会""做中学"理念进行了创新,提出生活教育理论的三大原理——"生活即教育""社会即学校""教学做合一"。

第二节 新时代育人的倡导方法

"行走课堂法"源于实践育人,也是我们结合课程思政开展实践育人所提出的具体方法。

一、习近平总书记多次强调重要性

2016年4月,习近平总书记在知识分子、劳动模范、青年代表座谈会上的讲话中指出:"广大青年要如饥似渴、孜孜不倦学习,既多读有字之书,也多读无字之书,注重学习人生经验和社会知识。""纸上得来终觉浅,绝知此事要躬行。"所有知识要转化为能力,都必须躬身实践。要坚持知行合一,注重在实践中学真知、悟真谛,加强磨炼、增长本领。

2016年12月,习近平总书记在全国高校思想政治工作会议上强调,要重视实践育人,坚持教育同生产劳动和社会实践相结合,广泛开展各类社会实践。这一重要讲话为高校加强实践育人,落实立德树人根本任务提供了根本遵循。习近平总书记还强调:"社会是个大课堂。青年要成长为国家栋梁之材,既要读万卷书,又要行万里路。"他指出:"许多学生正是在这样的社会实践和社会活动中树立了对人民的感情、对社会的责任、对国家的忠诚。"

2018年5月,习近平总书记在与北京大学师生座谈时,向广大青年提出希望:"'纸上得来终觉浅,绝知此事要躬行。'学到的东西,不能停留在书本上,不能只装在脑袋里,而应该落实到行动上,做到知行合一、以知促行、以行求知,正所谓'知者行之始,行者知之成'。每一项事业,不论大小,都是靠脚踏实地、一点一滴干出来的。"

习近平总书记多次强调实践在促进青年成长成才方面的重要性,既阐明了实践育人的重要作用,又为实践育人的落实路径指明方向,具有重大的政治意义、时代意义、现实意义和教育意义。

二、国家多次发文推动

2012年1月10日,教育部等7家单位联合发布《教育部等部门关于进一步加强高校实践育人工作的若干意见》(教思政〔2012〕1号)(以下简称《意见》),将实践育人作为一项系统工程推动。《意见》指出"坚持理论学习、创新思维与社会实践相统一,坚持向实践学习、向人民群众学习,是大学生成长成才的必由之路",并提出"每个本科生在学期间参加社会实践活动的时间累计应不少于4周"的具体要求。

2019年,中共中央办公厅、国务院办公厅印发《加快推进教育现代化实施方案(2018—2022年)》,对"实施新时代立德树人工程"提出要求:"大力加强体育美育劳动教育。加强劳动和实践育人,构建学科教学和校园文化相融合、家庭和社会相衔接的综合劳动、实践育人机制。"

2020年,教育部出台《高等学校课程思政建设指导纲要》(教高〔2020〕3号),要求:"将'读万卷书'与'行万里路'相结合,扎根中国大地了解国情民情,在实践中增长智慧才干,在艰苦奋斗中锤炼意志品质。"

第三节 行走课堂法应用案例

行走课堂法的应用应该结合学校的校情和人才培养定位开展，浙江水院既是行业院校，也是地方院校，因此下面从与服务行业结合、与服务地方结合两个方面举例。

一、与服务行业结合

案例1："河小二"乡土行走课堂

1. 案例简介

"河小二"大学生乡土行走课堂自2005年施行以来，已持续实施了17年。该行走课堂紧扣浙江水院培养服务水利行业人才的定位，引导大学生"往大地走、往乡村走、往母亲河走"，着力培育"民生意识、生态理念、家国情怀"，实践团队及相关个人先后获得了全国"母亲河奖"，团中央"三下乡"社会实践全国先进单位、优秀团队，教育部"全国高校校园文化建设优秀成果二等奖"等多项荣誉，被人民日报、学习强国等主流媒体广泛报道。

2. 目标与思路

十余年来，浙江省落实习近平总书记在浙江工作时提出的"八八战略"，打出了"五水共治"、河（湖）长制、美丽乡村建设等一系列组合拳。浙江水院将行走课堂与"五水共治"结合起来，持续开展大学生"河小二"乡土实践育人，引导大学生协助河长参与治水护水行动，服务基层乡镇，守望美丽河湖，成为浙江省十余年治水实践中的一支不可或缺的青年力量。

3. "行走"方法

（1）积跬步（2005—2012年）：服务农民饮用水，培育民生意识。学校结合水利系统保障饮用水安全的中心工作，广泛组织学生开展了全国重点团队"千万农村饮用水"安全普查、"建万里清水河道,打造亮丽新农村"、全国优秀团队"关注农民饮用水,共创和谐小康村"等主题实践,宣传引导广大群众特别是农村群众,深入了解工程建设、自觉支持工程建设、主动参与工程建设。

(2) 迈大步(2012—2017年):聚焦治水行动,筑牢生态理念。2012年,党的十八大把"生态文明建设"纳入五位一体中国特色社会主义事业总体布局。学校聚焦生态文明建设这一重点,结合浙江省"五水共治"等战略部署,全面推进以水情科普教育为主线,以节水、巡河、护河为重点的"河小二"行走课堂。在此期间,学校与杭嘉湖南排工程盐官枢纽管理所等31个单位(地方)建立专业紧密型校外实践教育基地,新增浙江省丽水景宁畲族自治县等17个常态化日常社会实践合作基地,累计组织440支暑期社会实践团队;连续4年前往绍兴上虞开展"河长制"第三方监督考核服务完成《上虞区"河长制"第三方监督考核研究报告》《上虞区河湖清污清淤项目督查评估报告》。

(3) 行远步(2017年至今):结合"山水林田湖草"生命共同体,厚植家国情怀。2017年10月,党的十九大报告中提出"乡村振兴"战略。学校按照"问题在水里,根子在岸上"的基本理念,将"河小二"行走课堂的内涵拓展到农村治理,围绕乡村振兴做足"水"文章。在此阶段,学校新增水利河口研究院等8个紧密型校外实践基地,新增京杭大运河等23个常态化实践基地。

4. 特色亮点

(1) 格局构建全程化。强调顶层设计,遵循不同年级学生的成长规律,设计"知水、亲水、护水"育人三阶梯递进;遵循不同专业学生的学科特点,对思政课程和课程思政双向发力,打造成学校"三全育人"的体系。

(2) 资源整合协同化。构建校内、校外两个共同体。校内:搭建教学、学生工作部、宣传、团委、马克思主义学院、创业学院等部门,统筹全校实践育人工作。校外:牵线县市政府、企业、行业院所、村镇基地等多方资源,把学校育人目标和地方、行业的发展目标结合,实现双赢共进。

(3) 过程管理标准化。"河小二"行走课堂程着眼"过程管理",按照实际需求定制实践任务、目标,制定《"河小二"实践手册》,明确行为规范、安全公约、实践清单、调研报告规范、每日报告等标准化实践管理指标,确保实践活动的育人成果有痕。

(4) 形象塑造品牌化。针对实践育人中普遍存在的形象雷同、个性不足的问题,学校从时代需求和学科特色出发,精心设计了"河小二"这一学生喜爱、百姓欢迎、媒体认可的文化符号,激发大学生的情感共鸣,在学以致用中塑造了大学生热情主动服务乡村的形象。

5. 成效经验

"河小二"乡土行走课堂既实现了课程思政的目标,又服务了行业发展与需求。

(1) 助推民众节水护水意识养成。设计完成了节水教材、宣传读本、公益视频等宣传产品10余种,连续两年承担全省各级"五水共治"宣传推广工作,惠及省内数十万民众。

(2) 助推政府优化水利生态建设。依托专业开展杭州市经济开发区"景观水质"调研、丽水和舟山饮用水安全调研等,得到了政府相关部门的肯定和采信。

(3) 助推中小学生水利知识科普。依托学校建立"节水护水"科普教育基地,深入全省11个地市的中小学开展"节水护水科普课堂"教育,累计服务近200多所学校数万名学生。

二、与服务地方结合

案例2:"有风景"的行走课堂

1. 案例简介

该行走课堂紧扣浙江水院身处浙江地区现实,以服务浙江发展为载体，通过新颖、多元的形式把学生带入浙江大地的绿水青山、田间地头，让学生了解社情民情，培养家国情怀和责任担当，实现印脑、印心、印行的教育目的，春风化雨，润物无声，得到了学生、家庭和社会的广泛认可和赞誉。浙江水利水电学院经济与管理学院的相关实践，登上"学习强国"App首页，并被中国教育报、人民网、钱江晚报、浙江在线等媒体广泛报道，并得到中宣部新闻局批示要求中央电视台《新闻联播》播出相关报道。

2. 目标与思路

2005年，时任浙江省委书记的习近平同志在安吉考察时，提出了"绿水青山就是金山银山"的科学论断，浙江省一直积极落实这一理念，提出从"绿色浙江"到"生态浙江"再到"美丽浙江"的建设思路。基于这一浙江发展的背景，在尊重学生成长发展规律和教育教学规律基础上，把握时代脉搏，扎根浙江大地，开展"有风景"的行走课堂。通过思政课程与课程思政双发力，把课堂搬到社会、搬到乡村、搬到绿水青山、田间地头中，让学生了解社情民情，引导他们到社会上去体验、去感悟。实现印脑、印心、印行的教育目的，提高学生品格修养和综合素质，增强"四个自信"，把爱国情、强国志、报国行自觉融入坚持和发展中国特色社会主义事业、建设社会主义现代化强国、实现中华民族伟大复兴的奋斗之中。

3. "行走"方法

（1）观红色风景，坚定理想信念。充分挖掘校外红色文化资源，组织学生走访家乡红色景点，参观浙江革命烈士纪念馆、"五四宪法"历史资料陈列馆等红色教育基地，开展"浙西南革命精神"调研活动，形成独特的"红色之旅"，让学生在走访参观的同时，触摸历史厚度，体会红色热度，感受文化温度，在实践中注入情感，增强对浙江革命历史的了解和认同感，体会美好生活的来之不易。

(2) 观绿色风景，助力农村发展。充分结合浙江新农村建设，学校连续 4 年开展大学生农村蹲点实践，每年在浙江省浦江县、德清县的 26 个农村开展为期 15 天的蹲点研学实践，引导大学生与村两委干部、驻村干部同吃同住同劳动，深入基层一线开展乡土调研、农活劳动、乡村治理等实践活动，助力乡村振兴，推动绿色经济高质量发展。

(3) 观地方风景，传承特色文化。关注地方特色经济，凸显了鲜明的行业特色。通过调查了解"缙云烧饼""东方梅干菜"等地方传统特色小吃和土特产的历史传承和品牌奋斗发展史，在千岛湖配水工程的问源之旅中了解开展工程的生态惠民初心，认识到浙江乡村生态文明建设的涅槃之路。

4. 特色亮点

(1) 行走课堂强调"有风景"。坚持问题导向，聚焦当代大学生"家国情怀不够、乡风民情不熟、职业素养不高"等问题，让大学生走出课堂，走入田间地头、革命遗址、民俗文化、惠民工程等，通过大量的实地参观、田野调研、动手实践活动，在实践中增添"有风景"，培养家国情怀，把爱国写在祖国大地上，紧扣时代主题和脉搏，让他们投身时代浪潮、感受时代召唤、担负时代使命。

(2) 行走课堂注重多形式分享。在强调走出去的同时注重影响和分享，一方面充分利用公众号、学院官网、QQ、微信群等网络信息平台，对参观红色教育基地、走访家乡红色景点等一系列教育实践活动进行宣传，进一步扩大红色历史文化的影响覆盖面，加深学生对红色历史文化的理解；另一方面，要求学生借助 PPT 汇报、微视频、研讨等多种形式，将自己在外出参观走访中的所学所感所悟分享给同学。学生在总结分享的过程中重温经典，将红色文化铭刻于心，不断提高自身感悟。

五、成效经验

通过开展"有风景"行走课堂，充分挖掘和利用了地方资源，以实物、实景、实例、实事为载体，搭建育人大课堂，使学生不断进行触及思想、深入灵魂的反思和感悟。

（1）积极探索"红色印迹"，进一步增强学生的"四个自信"。近3年组织87次活动，参观了杭州雷锋纪念馆等64个红色教育基地，建立6个红色实践基地，行经6省、18市、39县，累积里程达875公里。一系列实践教育活动，深深烙印在学生脑海中，进而铭刻在内心，体现在行动上。

（2）引导学生深度了解地方社会，将在实践中获得的知识进行内化吸收，为将来走向社会、走向工作岗位提前打下坚实的基础。该活动对校风、学风具有一定的影响作用，切实增强了育人的功能性和实效性。近3～5年，也因此涌现出大量优秀毕业生。

第十章 思政认定法

采用思政认定法对开展课程思政的课程进行认定。教师自主申报，对所开展的课程思政实施做法进行具体举证，可有效推进课程思政全覆盖。

第一节 主要目的及系统应用

一、思政认定法的主要目的

人才培养效果是多方协同育人长期积累的结果，仅仅因为开展了课程思政，短期内不可能让学生的成长产生突变。因此，可不急于对课程思政教学效果评价（人才培养效果拟归专业视角），但可以研制实施课程思政认定办法，对是否实施了课程思政开展认定，这是提出思政认定法的最初目的。

二、课程思政"全覆盖"的要求

2020年教育部出台的《高等学校课程思政建设指导纲要》中，根据不同课程的学科专业特点和育人要求，按照公共基础课、专业课、实践类课程等三种课程类型，分别明确了每类课程进行课程思政建设的重点。其实是从具体操作层面强调了课程思政"全覆盖"要求和"门门有思政"的目标。因此推进"全覆盖"是课程思政建设的关键，但如何证明？通过思政认定法，可以为达成"全覆盖"有效举证，因此思政认定法是推进课程思政"全覆盖"的路径方法之一。

三、思政认定法的系统应用

"思政认定法"作为课程思政落地实施的证据,可以结合学校课程思政建设体系进行全面系统的应用,因此浙江水院开展了多层次认定,如图10-1所示。

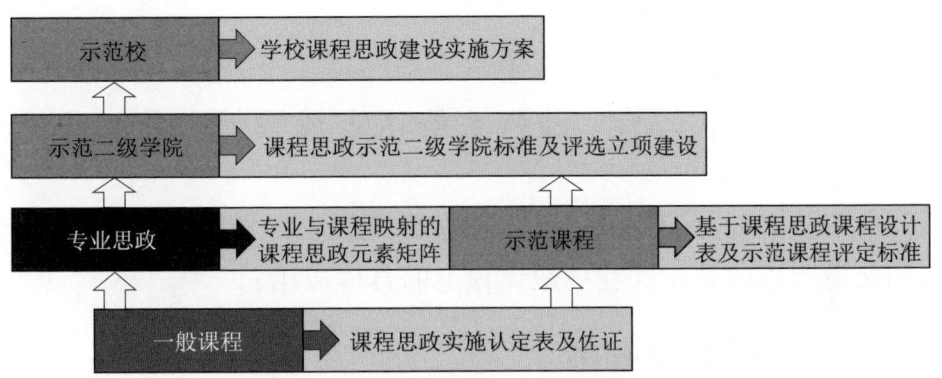

图10-1 结合课程思政建设体系开展多层次认定示意图

1. 课程实施认定

根据上述课程思政全覆盖的要求,首要需开展课程的课程思政实施认定,采取"点面结合、以点带面"的形式开展。"面"是对于一般课程开展课程实施思政实施认定,"点"是对课程思政实施好的课程开展示范课程评选,既实现全覆盖,又实现示范引领。所以"点面结合、以点带面"形式使用"思政认定法"是全面落实课程思政的良好途径之一。

2. 专业思政认定

在多轮开展一般课程的课程思政实施认定的基础上,课程团队对课程融入的课程思政元素进行提炼,可固化学校该课程的育人主要元素。专业教研室汇总专业开设的所有课程的育人主要元素,绘制专业与课程映射的课程思政元素矩阵,可作为专业思政体系形成的认定证据。

3. 二级学院示范实施认定

学校结合推进课程思政建设实际情况,制定课程思政示范二级学院建设指标，评选建设单位，依据指标定期检查评价，作为二级学院示范建设认定证据。

4. 示范校建设目标认定

学校为落实教育部《高等学校课程思政建设指导纲要》，适时出台的《课程思政实施方案》，据此分阶段推进和自查，是学校开展示范建设的认定证据。

第二节 课程实施认定及案例

以下分别针对通识课程、专业基础课程、专业课程，各举一个案例来说明思政认定法在一般课程上的具体应用。

一、通识课程举例

1. "大学物理"认定表案例

浙江水利水电学院"课程思政"实施认定表

学期：21/22学年第1学期　　教研室：大学物理教研室

课程名称	大学物理	课程负责人	陈健
面向专业	全校工科类本科生	学时/学分	32/2
课程性质	√通识教育课程　　□专业基础课程　　□专业课程			
主要融入课程思政元素（"水文化＋"育人元素）	必备品格： √态度　　√相助　　□感恩 □诚信　　□信仰　　√情怀 关键能力： √书面表达　√口头表达　√团队合作　□沟通交往 □耐心倾听　□情绪管理　□信息处理　□自主学习			
落实"课程思政"具体做法和融入点（限500字以内）： 1. 教学内容融入育人案例。梳理思政案例库，案例类型归为学科发展、科技进步、励志故事、创新实验四种，共17个育人案例，作为课程辅助教学资料，将核心素养融入课堂教学和线上自主学习。育人目标聚焦家国情怀、科学精神、职业素养、行为品格、团队合作、口头表达和书面表达，凝练"水文化＋"育人元素6个，情怀、态度、相助、团队合作、口头表达和书面表达。			

第二节 课程实施认定及案例

续表

具体佐证材料:"大学物理"课程思政案例汇总表、"大学物理"教案(课程思政版)截图、课件PPT截图、线上作业布置情况截图、线上作业电子文档截图。 2. 采用理实融合模式教学。将理论知识与科技前沿、演示实验、生活实例相结合,重点培养解决实际物理问题的综合应用能力、敬业精神、科学精神等。 具体佐证材料:"十三五"浙江省高等教育教学改革项目结题材料。 3. 采用"知识+技能+素养"三位一体考核方法。细化过程性评价,强调态度考核,包括考勤、课堂互动、作业、调研论文、线上自主学习等方面,促进学生自主学习能力、科技文献查阅、科技论文撰写能力等养成。 具体佐证材料:"大学物理"平时成绩(含考勤、作业、线上学习、调研论文成绩等过程性评价)。
教研室意见: 　　认定通过! 　　　　　　　　　　　　　　　负责人签字: 　　　　　　　　　　　　　　　　　　　　　年　　月　　日
二级学院(部、中心)意见: 　　同意! 　　　　　　　　　　　　　　　负责人签字(盖章): 　　　　　　　　　　　　　　　　　　　　　年　　月　　日

注　具体佐证材料附后。

2."大学物理"部分佐证材料(附表后)

(1) 课程思政案例佐证,PPT截图如图10-2所示,案例表见表10-1。

 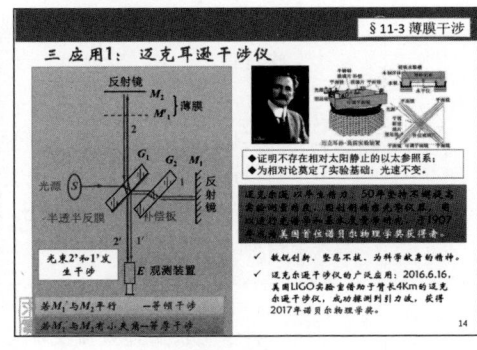

(a) 我国自主研制"蛟龙号"　　　　　　(b) 科学家迈克尔逊的故事

图10-2 "大学物理"授课PPT截图

第十章 思政认定法

表 10-1　"大学物理"课程思政融入列表

序号	章节	教学内容	思政案例	案例类型	育人目标
1	绪论	绪论	专题嵌入科学史：讲述科学家执着追求科学真理、勇于创新的事迹	学科发展	科学精神
2	1.2	圆周运动	课程导入：讲述冬奥会冠军周洋1v7，打破韩国选手中长距离项目上的长期垄断夺得冠军的经历	励志故事	职业素养
3	3.1	动量定理	案例解析：讲述吴菊萍徒手接住从10楼坠落的2岁女童，手臂因受到巨大冲击造成粉碎性骨折的故事。弘扬见义勇为，大爱至善的优秀品质	励志事故	行为品格
4			案例解析：讲述公交司机毕怀彬在生命垂危之际，仍紧握方向盘避免了公交车坠河，挽救了全车乘客生命的故事。弘扬坚守岗位、爱岗敬业精神	励志故事	职业素养
5	3.2	动量守恒定律	实验设计：设计动量守恒定律验证实验。培养创新能力、实践动手能力、团队合作能力和责任担当。课上进行展示	创新设计	团队合作口头表达
6	3.7	弹性碰撞	科学家故事：进而讲述邓稼先、郭永怀等两弹元勋为中国核武器事业的发展做出的杰出贡献，弘扬潜心科研、报效祖国的献身精神	励志故事	科学精神
7	3.8	能量守恒定律	案例解析：播放三峡大坝工程展示视频，弘扬民族自信	科技进步	家国情怀
8			案例引申：契合学校办学特色，结合水工、农水等授课专业特色，讨论上善若水、海纳百川、水滴石穿等水的品质，渗透水文化，弘扬新时代水利精神	学科发展	职业素养
9	7.3	磁场	科学史：讲述直流交流之战中爱迪生、威斯丁豪斯、特斯拉三个人物之间的技术较量和商业利益较量，讨论利益、道德、人性之争	科技进步	科学精神职业素养

第二节 课程实施认定及案例

续表

序号	章节	教学内容	思 政 案 例	案例类型	育人目标
10	10.1	波动	课程导入:"蛟龙号"为我国自主设计、自主集成研制,其最大下潜深度达7020米,为世界上下潜能力最深的作业型载人潜水器,是我国载人深潜发展历程中的一个重要里程碑	科技进步	家国情怀
11	11.4	迈克尔逊干涉仪	科学史:讲述迈克尔逊50年坚持不懈地发展精密光学仪器,完成光谱学和基本度量学研究,获得1907年诺贝尔物理学奖的奋斗历程,弘扬坚忍不拔、献身科学的精神	励志故事	科学精神
12			课程导入:播放电影《哪吒之魔童降世》,引出3D效果原理,因其高居国外票房榜首,激发学生的主人翁意识和民族自信	科技进步	家国情怀
13	11.9	光的偏振性	寓言故事延伸:讲述"执竿入城"寓言故事,帮助学生理解机械波的偏振性,引申处事之道:灵活通达,懂得变通	励志故事	行为品格
14			实验设计:基于自然光、线偏振光、部分偏振光的偏振态特征,利用偏振片教具,检验未知入射光的偏振态;设计适用于手机/pad等防偷窥显示屏。课上进行小组讨论	创新设计	科学精神 口头表达 团队合作
15	13.8	热力学第二定律	前沿科技:论证银蚁在酷热的沙漠散射的物理原理。调研"不插电"辐射制冷材料的制冷原理以及国内研究现状,形成调研报告	科技进步	家国情怀 书面表达 自主学习
16	15.1	波粒二象性	科学史:托马斯·杨的双缝干涉实验,证明光具有波动性,由此开创性提出光的波粒二象性	学科发展	科学精神

(2)"知识+能力+态度"三位一体考核佐证材料。平时成绩考核包括技能、态度两个方面,平时成绩=技能分×70%+态度分×30%,上限100分,如图10-3所示。

1)技能考核包括平时作业和四次知识拓展作业,技能分=作业×80%+拓展分×20%。其中拓展作业取上交作业次数的平均

浙江水利水电学院平时成绩汇总表

序号	学号	姓名	技能（70%）						态度（30%）			平时成绩
			作业	知识拓展				技能分	考勤	前排就坐	态度分	=技能+态度
				1	2	3	4	拓展分				
1	2018b02035	李□□	100	100	100	100	100	100	100	0	100	100
2	2018b15044	徐□□	100	100	100	0	0	90	98	100	0	100	98.3
3	2019b08021	胡□□	100	100	100	0	0	90	98	100	0	100	98.3
4	2019b28069	钱□	100	100	0	0	100	90	98	100	0	100	98.6
5	2019b20020	陈□	100	100	100	0	0	90	98	100	0	100	98.6
6	2020b01105	章□□	100	0.00	100	100	95	99	100	4	104	100
7	2020b01118	罗□□	100	100	100	95	98	98.25	99.65	100	5	105	100
8	2020b02031	田□	100	90	90	90	100	92.5	98.5	96.75	3	99.75	98.875

图 10-3 "大学物理"平时成绩截图

分，未交拓展作业次数 $n=1\sim3$，则扣除（$5n$）分；四次都未交、则拓展分为 0 分。

2）态度考核包括考勤和前排就坐两方面。其中前排就坐是随机抽查五次上课时是否坐在教室的前三排，前排就坐分＝1 分/次×累计次数，累加到态度分。

二、专业基础课举例

1．"电机学"认定表案例

浙江水利水电学院"课程思政"实施认定表

学期：2020-2021-2　　教研室：电力教研室

课程名称	电机学	课程负责人	万军、彭学虎、李益
面向专业	电气工程及其控制	学时/学分	56/4
课程性质	□通识教育课程　√专业基础课程　□专业课程		
主要融入课程思政元素（"水文化+"育人元素）	必备品格： √态度　□相助　□感恩 □诚信　□信仰　√情怀　□_____ 关键能力： □书面表达　□口头表达　√团队合作　□沟通交往 □耐心倾听　□情绪管理　□信息处理　□自主学习　□_____		

续表

落实"课程思政"具体做法和融入点(限500字以内):
1. 教学内容融入育人案例。设计案例库,选取了反映科学精神、家国情怀、职业态度等18个案例,整理电机技术相关科学家故事作为课程网上资料,将情怀、态度(科学精神、态度)等融入课堂教学和线上学习。 具体佐证材料:"电机学教案(课程思政版)"截图、部分上课PPT截图、网上资料截图。 2. 采用项目制教学。通过嵌入实做项目实现体验式学习,重点培养职业态度、团结合作等。 具体佐证材料:"电机学CDIO项目教学实施佐证(现场照片)"。 3. 采用"知识+能力+态度"三位一体考核方法。细化过程性评价,强调态度考核,包括线上课前学习、考勤、前后排就座、课堂互动、作业、线上课后学习等方面,促进学生自主学习等态度养成。 具体佐证材料:电机学过程性评价材料截图。

教研室意见:
    认定通过!
                              负责人签字:
                                        年   月   日

二级学院(部、中心)意见:
    同意!
                                负责人签字(盖章):
                                        年   月   日

注 具体佐证材料附后。

2. "电机学"部分佐证材料(附表后)

(1) 课程思政案例佐证,PPT截图如图10-4和图10-5所示。

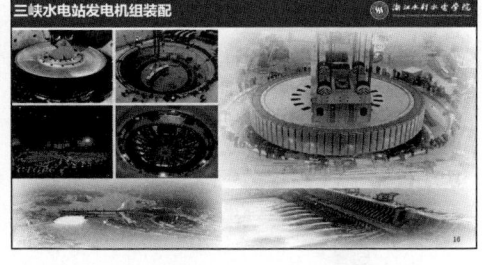

(a) 科学家特斯拉与爱迪生的故事　　　　　　(b) 三峡水电机组

图10-4 "电机学"授课PPT截图

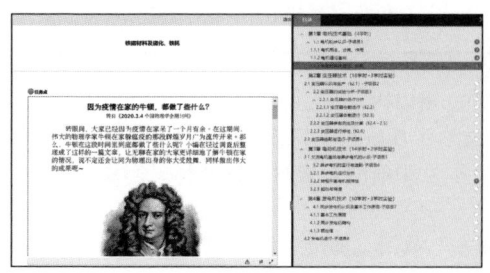
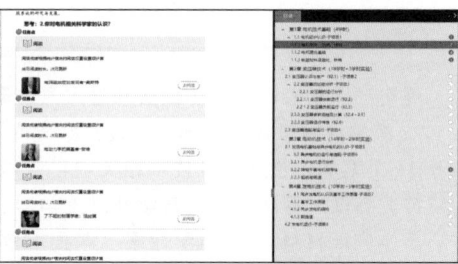

(a) 牛顿的故事　　　　　　　　(b) 电机领域发展相关科学家

图 10-5　线上学习资源截图

（2）项目制教学佐证，现场视频截图如图 10-6 所示。

图 10-6　项目制教学现场视频截图

（3）"知识＋能力＋态度"三位一体考核佐证材料，考核记录截图如图 10-7、图 10-8 所示。

序号	学生姓名	学号/工号	课程视频(5%)	章节学习次数(5%)	作业(55%)	阅读(5%)	签到(25%)	课堂互动(5%)	综合成绩
1	曾	2018b07026	5.0	5.0	47.67	0.76	23.75	5.0	87.18
2	朱	2018b06062	5.0	5.0	44.52	0.54	22.5	5.0	82.56
3	王	2018b09049	5.0	5.0	48.16	1.69	25.0	5.0	89.85
4	方	2018b09051	5.0	5.0	47.46	5.0	25.0	5.0	92.46
5	邱	2018b03008	5.0	5.0	45.49	0.25	25.0	5.0	85.74
6	何	2018b03011	5.0	5.0	44.47	0.0	25.0	5.0	84.47
7	王	2018b03018	5.0	5.0	34.6	0.62	25.0	5.0	75.22
8	徐	2018b03033	5.0	5.0	44.27	0.67	25.0	5.0	84.94

图 10-7　线上学习过程性考核记录表截图（课前及课后）

第二节 课程实施认定及案例

课程名称：电机学

电自17-2平时成绩记录与评分表（平时学习态度评价）

学期：18-19-1

计算方法：总分＝考勤分×60％＋作业分×35％＋上课就坐表现×0.5＋课堂答题表现×0.5＋5（基准分）；100分为上限，若超出100分记作100分

考勤记录 每次记5分；迟到3；实到5；缺勤0；请假2；小计换算为百分制

前后排就座记录（前三排＋1；三排－1；中间0）；

课堂提问或主动回答问题记录加分

作业情况（小计按比例转换成百分）

序号	姓名	学号	性别	考勤记录 1	2	3	4	5	6	7	8	9	10	小计	前后排 1	2	3	4	小计	课堂 1	2	小计	变压器1	变压器2	变压器3	交流电机	电动机	发电机	小计	总计（百分）	评分取值合计
1	张××	2016b03025	男	5	5	5	5	5	5	5	5	5	5	100	0	0	0	0	0	0	0	0	80	95	95	85	85	80	87	93	93
2	曹××	2017b03035	男	5	5	5	5	5	5	5	5	5	5	100	1	0	0	0	1	5	0	5	80	90	85	80	80	60	81	93	93
3	吴××	2017b03037	男	5	5	5	5	5	5	5	5	5	5	100	1	0	0	0	1	0	2	2	100	95	85	90	85	60	87	95	95
4	胡××	2017b03038	男	5	5	5	5	5	5	5	5	5	5	100	1	0	0	0	1	5	0	5	80	90	90	85	85	40	80	92	92

图10-8 线下课堂学习过程性考核记录表截图

三、专业课举例

1. "灌溉排水工程学"认定表案例

浙江水利水电学院"课程思政"实施认定表

学期：__2020—2021学年第1学期__　　教研室：__农业水利__

课程名称	灌溉排水工程学	课程负责人	段永刚
面向专业	农业水利工程	学时/学分	64/4
课程性质	□通识教育课程　　□专业基础课程　　☑专业课程		
主要融入课程思政元素（"水文化＋"育人元素）	必备品格： ☑态度　　□相助　　□感恩 □诚信　　☑信仰　　☑情怀　　□_____ 关键能力： □书面表达　　□口头表达　　☑团队合作　　□沟通交往 □耐心倾听　　□情绪管理　　□信息处理　　☑自主学习　　□_____		
落实"课程思政"具体做法和融入点（限500字以内）： "灌溉排水工程学"是农业水利工程专业课程，结合2019版人才培养方案要求，依据工程教育认证理念，课程学习后，学生掌握灌溉与排水基本原理、灌区规划设计方法等专业知识，在开展课程实践教学过程中，学生交流合作能力加强，分析解决问题的能力提高。受治水兴利前辈言传身教影响，树立为水利事业发展奋斗的理想。依据OBE教育理念，注重培养学生树立理想信念、科学精神、家国情怀、国际视野、社会责任感等。围绕立德树人根本任务，将课程思政融入主要课程教学与实践环节，通过过程考核进行评价，实现全员全程全方位育人，培养具有"态度、信仰、情怀"核心价值观。			
教研室意见： 　　同意！ 　　　　　　　　　　　　　　　负责人签字： 　　　　　　　　　　　　　　　　　　年　　月　　日			
二级学院（部、中心）意见： 　　同意！ 　　　　　　　　　　　　　　　负责人签字（盖章）： 　　　　　　　　　　　　　　　　　　年　　月　　日			

注　具体佐证材料附后。

2. "灌溉排水工程学"部分佐证材料（附表后）

（1）课程思政案例佐证，PPT截图如图10-9所示。

（2）课程思政元素融入设计见表10-2。

第二节 课程实施认定及案例

(a)"都江堰"古代经典工程　　　　(b)"白沙溪三十六堰"古代经典工程

图 10-9 "灌溉排水工程学"授课 PPT 截图

表 10-2 "灌溉排水工程学"课程思政元素融入表

课程内容	思政元素融入	教学方法	育人目标
第三章 灌溉系统规划设计 第二节 灌溉水源与取水方式	四川"都江堰" 金华"白沙溪三十六堰"	红色案例法	情怀：通过典型工程和人物引导学生厚植爱国主义情怀，立志扎根人民、奉献国家
第三章 灌溉系统规划设计 第五节 渠系建筑物	铜山源水库灌区现有 27 座不同型式渡槽，5 座涵洞（体现时代特点）	行走课堂法	信仰：培养正确信仰，通过典型宣传和对"热点"问题的正确引导，践行党的政策方针，营造科学氛围，树立崇高信仰
第三章 灌溉系统规划设计	以毕业生职场需求为目标，以"渔山畈灌区规划设计"为主线，穿插 2 个创新主题，培养学生"新时代水利精神"，根据灌区规划规范要求，设置 6 个知识点，3 个能力，让学生直接参与项目的全过程，去完成每个步骤的实践任务	项目制教学法	态度：培养职业态度，在教育实践中培养对他人、集体、国家和社会所负责任的认知和信念，培养与此相对应的承担责任、履行义务的自觉态度
第四章 灌溉管道系统 第一节 输水管网的规划布置	列举优秀校友（奕永庆）、水利人物进行教学	红色案例法	态度：培养职业态度，在教育实践中培养对他人、集体、国家和社会所负责任的认知和信念，培养与此相对应的承担责任、履行义务的自觉态度

第三节 其他实施认定材料

一、示范课程及项目评选

课程思政示范课程的评选除了课程设计外（在前述的教学设计法中已列举了基于课程思政的课程设计表），还需要有明确的评选指标，课程思政示范课程评审指标见表 10-3。"课程思政"比赛评分标准见表 10-4，课程的重点在课堂实施，因此浙江水院的评审标准重点在课堂表现上。课程思政教学研究项目评审指标见表 10-5。

表 10-3　浙江水院课程思政示范课程评审指标体系

一级指标	二级指标	指标内涵	分值
1. 课程团队（10）	1.1 主讲教师	具备良好的师德师风，政治立场坚定，有强烈家国情怀，思维新、视野广、自律严、人格正，注重为人师表，在课程教学中融入真善美	5
	1.2 教学团队	团队成员具备课程思政意识和能力，积极参与课程思政教学改革，建立课程思政集体备课和教研制度，探索课程思政建设新路径	5
2. 教学内容（30）	2.1 课程目标	结合本课程在专业人才培养方案中的定位，根据课程性质、特点及授课对象等，制定明确的课程思政教学目标	10
	2.2 课程设计	在课堂讲授、教学研讨、实验实训、考核评价等各环节，有机融入课程思政的理念和元素，做到恰当合理、不生硬	10
	2.3 课程资源	注重挖掘和开拓与本课程紧密相关的课程思政资源，形成丰富的课程思政资源库	10
3. 教学改革（20）	3.1 教学方法	注重课程思政教学方法多样化，采取项目式、启发式、研究性、案例式、等教学方法帮助学生树立正确的世界观、人生观和价值观	10
	3.2 教学手段	推动课程思政与现代教育技术深度融合，创新思政元素展现形式，增强课程思政的亲和力和针对性	5
	3.3 课程考核	将课程思政元素充分融入过程考核和结课考核所涵盖的知识、能力与素质中	5

续表

一级指标	二级指标	指标内涵	分值
4. 教学效果（20）	4.1 学生评价	学生对教师师德师风评价高，学习满意度高，评教效果好	10
	4.2 同行评价	课程思政教学理念、方法、手段及实施效果显著，同行认可度高，具有一定的辐射和推广价值	10
5. 课程思政特色和示范作用（20）		课程在课程思政建设方面特色亮点工作，形成特有的经验，并在全院、全校推广，在课程思政课程建设方面起到引领示范作用	20

表 10-4　　浙江水院"课程思政"比赛评分标准

评审指标	评审标准	分值	评价等级			
			A	B	C	D
			1.0	0.8	0.6	0.4
教学内容（40分）	课程目标定位明确合理，坚持知识传授与价值引领相结合	10				
	能做到"三要三点"：善于提炼专业课程蕴含的育人因素，育人元素要有料，要会挖，要会融；能将思政元素和专业知识传授融合，有切入点、动情点、融合点	30				
教学组织（30分）	能根据"课程思政"内容及学生特征选用恰当的教学方法及手段；符合课程思政教学设计的应然样式；不增加教学学时，思政教育元素润物无声融入课程内容	20				
	体现多次考核、过程性考核，知识、能力、素质多维度考核，注重学生思想政治表现	10				
教学效果（20分）	有效达成教学目标；注重思政教育和价值引领，学生产生情感共鸣、启迪思想、触动灵魂的效果；没有思政痕迹而达到了育人效果	10				
	教学感染力强，教学互动性强，体现学生积极参与，教学气氛好	10				
教师素养（10分）	教态得体、自然；精神饱满，热情亲切；使用普通话，语言规范；政治素养过硬，思政教育意识自觉。授课时间控制得当	10				

表 10-5　浙江水院课程思政教学研究项目评审指标体系

一级指标	二级指标	评价标准	分值
立项依据 （25分）	选题依据	选题依据有较强的理论基础，科学性强	5
	项目意义	选题符合学校课程思政教学研究重点，与学院课程教学改革导向一致，有重要研究意义和应用价值	10
	国内外研究现状分析	清楚，且分析准确、全面	10
实施方案及计划 （45分）	研究内容、改革目标和拟解决的关键问题	范围合适、重点突出、关键问题选择准确	10
	实施方案、实施方法、具体实施计划及可行性分析	方案科学，研究方法合理，实施计划明确、可行	10
	改革的预期目标和成果	目标和成果明确，有先进性或有突破，受益面很大	10
	特色与创新	在理论上与实践上有较大的突破和创新，有利于教学成果特色培育	15
教学改革基础 （30分）	与本项目相关的工作积累和已取得的工作成绩	前期课程思政教学改革基础好并有一定的工作成绩，是原有改革的进一步深入和创新	10
	已具备的改革条件和保障措施	配套条件和保障措施好，对尚缺少的条件有解决途径	10
	项目主持人及成员教学改革和科研项目情况	有较多相关研究成果，学术水平高；成员结构合理、研究力量强	10

二、专业思政认定

专业思政的认定是在全面开展了一般课程的课程思政实施认定基础上进行，浙江水院要求课程认定占比达到50%以上时，即填报专业与课程映射的课程思政元素矩阵，见表10-6。在此基础上持续改进，不断完善凝练，自然形成专业思政体系。

第三节 其他实施认定材料

表 10-6　××××专业（或××××课程大类）课程思政实施认定情况汇总表

学期：_____　教研室：_____

序号	课程名称	必备品格							核心能力							
		态度	相助	诚信	感恩	信仰	情怀	其他	书面表达	口头表达	团队合作	沟通交往	耐心倾听	情绪管理	信息处理	自主学习	其他
一	通识教育课程（非思政课）																
1																	
2																	
3																	
二	专业教育课程																
1																	
2																	
3																	
三	实践课程																

注　元素其他列根据需要确定去留，且若各课程相对聚焦，也可明确列出其元素名称。

三、课程思政示范二级学院认定

高校中的二级学院是教学具体实施单位，因此课程思政建设的全面落实关键在二级学院，适时开展课程思政示范二级学院认定是思政认定法的一项重要应用，表 10-7 为浙江水院为此设计的建设评价指标。

表 10-7 浙江水院课程思政示范二级学院建设评价指标

一级指标	二级指标	建设内容	分值
1. 组织保障（15分）	1.1 组织领导	成立由二级学院党委（党总支）书记和院长担任组长的工作小组，把课程思政建设纳入学院重点工作；二级学院党委（总支）会议或院长办公会，围绕课程思政建设，每年召开专题会议及落实情况	5
	1.2 工作机制	制定课程思政建设工作方案等实施文件，建设方案（2021—2023年）有目标、有规划、有内容、有节点	5
	1.3 经费保障	统筹各类资源，建立"课程思政建设"激励机制，每学期统计用于课程思政的教学改革、教师培训等经费的投入情况	5
2. 师资建设（10分）	2.1 师资培养	（1）师德师风建设扎实推进，模范践行《新时代高校教师职业行为十项准则》，严格执行教学规范。 （2）加强教师课程思政教学能力建设，积极组织参加相关学习、培训、比赛等活动，尤其是学校主推的"新时代教育与课程思政""课程思政与教育教学能力"等教师培训课程以及"课程思政讲课比赛"等，有较多人次参与和覆盖度	5
	2.2 团队建设	课程思政建设成为基层教学组织主要工作内容，每学期组织开展一定的课程思政专项教研活动，建立课程思政集体教研制度；形成一定数量、多种类型的以课程思政优秀教师为引领的示范教学团队	5
3. 教学建设与实施（55分）	3.1 体系建设	（1）结合深化推进 SWH-CDIO-E、工程教育专业认证，以及新工科、新农科、新文科等教学改革实践，对应专业育人目标，提炼专业育人要素，形成专业育人指标体系，分类分析公共基础课程、专业教育课程、实践类课程的育人特点，形成课程、课程群、专业间相互关联支撑的课程思政达成体系，尝试对应构建一体化育人指标映射矩阵。 （2）通识教学单位应主动对接专业，研究专业育人需求，深度挖掘通识课程（或课程群）的育人内涵和实施路径，尝试构建课程（或课程群）与不同专业（或专业群）间的育人指标映射矩阵，做到门门不落空	10
	3.2 深度全覆盖	推进课程思政覆盖，将课程思政贯穿人才培养全过程，对照"六进"（进人才培养方案、进教材、进课程大纲、进教案与PPT、进课堂、进评价，包括理论与实践所有教学环节）的落实情况	15

续表

一级指标	二级指标	建 设 内 容	分值
3. 教学建设与实施（55分）	3.3 特色实践	围绕"课程思政十法"探索课程思政特色实践的模式、路径、方法和载体；项目制、三位一体考核、体验式教育、线上课程思政、行走课堂等实施推进有力，思政元素和育人资源库建设有成效，相关课程实施认定比例高、入选优秀案例等总结示范材料比例高。通识教学单位重点建设"大学生写作与沟通""大学生核心素养导论""体育·CDIO""中国水文化概论"等课程改革推进力度大、有成效	15
	3.4 建设与研究	（1）示范课程：积极培育和推选校级课程思政示范课程（按照公共基础课、专业教育课、实践课等分类建设）。 （2）教材建设：严格落实马工程教材统一使用规定，马工程教材使用率达到100%；积极建设校级课程思政重点教材和教学指导用书。 （3）研究项目：积极申报课程思政建设相关教育教学改革项目	15
4. 示范建设及成效（20分）	4.1 建设成效	相关评价或调查为各学院前列。专业人才培养反馈相关素质高（依据第三方评价）；督导专家对课程相关指标评价高；相关专项问卷调查中，学生认同度高、获得感强、学习体验好	5
	4.2 教学成果	取得高水平成绩，形成较多的特色鲜明、创新性强的课程思政教科研成果。特别是省级及以上的课程思政示范课程、课程思政教学团队等示范点；省级及以上教材和相关项目较多；公开发表相关成果的教研教改文章数量多、质量高；课程思政教学竞赛等方面获得较多的荣誉或奖励	10
	4.3 宣传影响	充分发挥报刊、电视台、微博、微信、校园网等信息技术平台的作用，及时总结宣传推广典型经验，营造良好舆论氛围	5

四、课程思政示范校建设

浙江水院制定的《课程思政实施方案》中，明确提出了近三年的课程思政建设计划，以学校课程思政建设预期成果（图10-10）

为导向,围绕课程思政"全过程、全覆盖"的要求,教师"人人讲育人",课程"门门有思政"的目标,持续推进各项教育教学改革,建设常态化有效的课程思政体系,形成具有学校特色的课程思政路径、方法、成果。

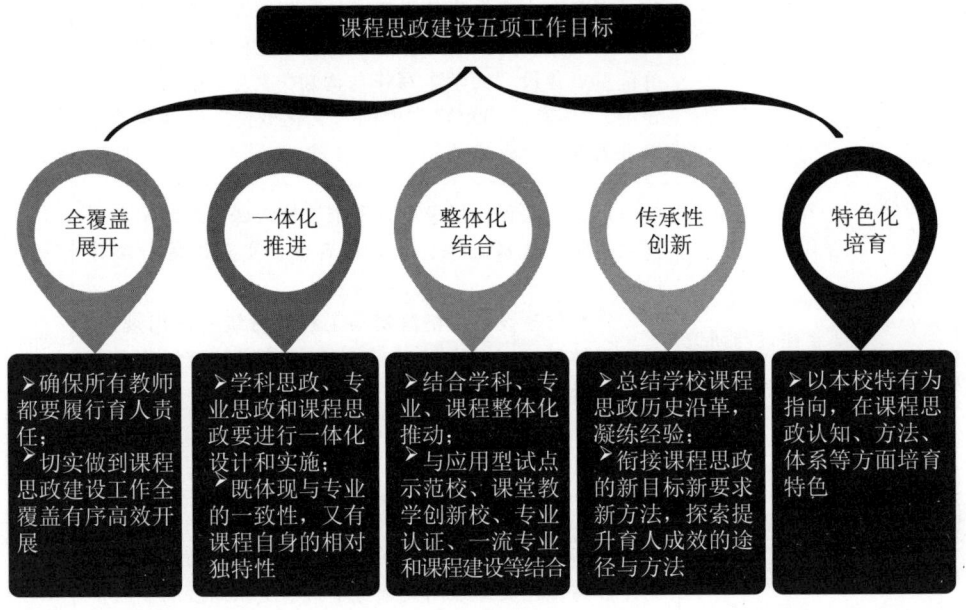

图 10-10　浙江水院课程思政建设的五项工作目标

第十一章 人才评价法

课程思政需要明确的目标来保证组织设计符合建设要求，需要严格的控制措施来保证实施过程符合育人规律，需要科学地衡量标准来保证实施效果实现培养目标，需要建立闭环性反馈机制来推动持续改进。课程思政的目标是育人，教育部《高等学校课程思政建设指导纲要》（教高〔2020〕3号）指出，人才培养效果是课程思政建设评价的首要标准。因此，人才评价是课程思政建设工作的重要环节，人才评价法是前面九种方法能够目标明确、有效实施、科学评价和不断完善的关键一法。

第一节 目 的 意 义

一、方法的提出

课程思政有效落实到人才培养中，往往要问三个问题：一是工作做没做？我们可以采用前述的"思政认定法"去认定；二是方法好不好？可以从我们提出的"课程思政十点认识"出发，结合这里所述的"课程思政十法"类比，进行判断；三是效果大不大？这个问题则需要思考一下，不能简单评价，一定是需要持续研究与长期实践。就此提出人才评价法，尝试探索"人才培养-学校测评-毕业生跟踪-用人单位评价-反馈改进"的五位一体运作机制，研究提出多维度分析评价指标体系，尽可能地衡量课程思政对人才培养的成效贡献度。

二、方法应用的意义

课程思政的育人评价很难做到量化评价,所以"人才评价法"无法成为一个绝对的"标尺",但可以成为一个育人系统的"控制器"。"人才评价法"既可以对课程思政做一定程度的育人目标效果评价,又可以对其过程进行评价;甚至可以说,除了一定程度地反映育人效果外,更重要的是运用人才评价法来确保课程思政的方向正确、过程顺利、效果凸显,并为持续改进提供依据。科学合理地运用人才评价法,可以进一步保障和完善课程思政建设全过程的控制、考核、调节、改进等功能。

1. 有助于窥视课程思政工作的建设质量

虽然仅从一门课程很难衡量"立德树人"的效果,需要所有课程同向同行,进行系统性衡量才能看出课程思政工作的建设质量,但是作为支撑整个系统性工作的基础,需要多角度、多形式、多模式的动态全程的评价,最终通过每个部分的育人成效形成一个相对视野开阔的"广角镜头",尽可能反映全局"立德树人"的效果。

2. 有助于保证课程思政目标内容的设计导向

科学合理的人才评价法能够促进教师重视课程思政建设工作,从服务"立德树人"根本目标的高度去认识和理解课程思政工作的重要性。结合学校人才培养定位,确定价值塑造、知识传授和能力培养三者融为一体的育人目标的具体内容,特别是所蕴含的主要课程思政元素,认真做好课程思政的设计工作,确保方向正确。在方向正确的前提条件下,进一步做好系统规划、条件建设、内容组织、教学安排等工作,才能确保其他九法的应用始终遵循正确设计导向,为后续的实施、考核、反馈和改进工作奠定正确和坚实的基础。

3. 有助于保障课程思政实施的过程顺利

科学合理的人才评价法能够确保课程思政的实施始终按照前期

的设计安排有序推进,做到执行计划严格到位、开展工作不打折扣。在课程思政的实施过程中,人才评价法可以有效督促教师按照计划开展课程思政工作,并提供实时的过程反馈,为进一步改进完善提供依据。反之,如果实施过程缺乏人才评价,或是人才评价不够科学合理,则很有可能使得实施和计划不一致,导致课程思政建设计划未能落实。

4. 有助于完善育人质量闭环反馈的改进机制

设计、实施和考核再完美,也无法保证一次到位。因此,依据 OBE 理念,专业人才培养需要开展质量的达成评价,从而建立持续改进机制,课程思政也需要融入其中,"人才评价法"也是这个持续改进机制的一部分。通过人才评价法获得的信息,教师可以参考分析自己设定的课程思政目标是否精准,其设计是否科学、过程是否合理、教法是否恰当,研究思政元素是否挖掘充分,判断课程育人的切入点、融合点和动情点是否需要调整。更进一步,对于课程思政而言,因人、因时、因事、因势进行持续改进,本就是必需的。因此,建立基于闭环反馈的改进机制,离不开人才评价法。

第二节　模型构建与指标体系

根据课程思政的建设要求和特点,人才评价法需要结合质性评价和量化评价,需要兼顾过程性评价和结果性评价,需要统筹诊断性评价和发展性评价,从评价主体和客体的角度,构建闭环的持续改进评价机制,确保课程思政建设工作始终沿着"立德树人"的根本目标前行。

一、课程思政评价是新时代教育评价改革的重要内容

中共中央 国务院印发《深化新时代教育评价改革总体方案》指出,改革学生评价,促进德智体美劳全面发展。创新德智体美劳过

程性评价办法，完善综合素质评价体系，切实引导学生坚定理想信念、厚植爱国主义情怀、加强品德修养、增长知识见识、培养奋斗精神、增强综合素质。客观记录学生品行日常表现和突出表现，特别是践行社会主义核心价值观情况，将其作为学生综合素质评价的重要内容。完善过程性考核与结果性考核有机结合的学业考评制度，加强课堂参与和课堂纪律考查，引导学生树立良好学风。

二、五位一体闭环改进机制

根据 OBE 理念，每个专业均要建立教学质量跟踪和持续改进机制。课程思政效果同样蕴含在这个质量之中，因此其闭环改进机制应是一体实现的。基于这一思想，提出"人才培养-学校测评-毕业生跟踪-用人单位评价-反馈改进"五位一体评价机制，如图 11-1 所示。在此机制中至少覆盖了 5 大评价主体，分别包括教师、在校生、应届毕业生、往届毕业生和用人单位等利益相关者。

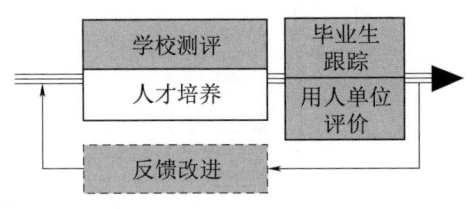

图 11-1　五位一体闭环改进机制

三、评价指标体系

评价离不开评价指标，人才培养是一个系统工程，所以针对培养全过程设计了"课程思政过程评价指标体系"，包括 4 项一级指标，9 项二级指标，20 项三级指标；据此体系可以开展课程思政全过程评价。

（一）课程思政过程评价体系

长期以来，我国人才选拔机制均以标准化考试为主要形式，受此影响，把考试成绩作为衡量学生学习优劣的唯一依据的观念由来已久，往往对学生学习的评价只重视反映学习结果之终结性评价，忽视体现学生的学习过程评价，割裂了"教、学、评"三者之间的联系。这样，学生在学习中的主体地位不能得到充分体现，素质教育的教学目标不能全面得到落实，忽视了学生的发展。老师如何评价直接影响学生的学习态度、学习自信心和学习结果。单一的终结性的传统评价方法已经不适应教育教学改革的要求。《教育部关于狠抓新时代全国高等学校本科教育工作会议精神落实的通知》（教高函〔2018〕8号）中提出，要切实加强学习过程考核，加大过程考核成绩在课程总成绩中的比重。这个过程考核理应包含课程思政相关评价，为此设计了课程思政过程评价体系，具体见表11-1。

表11-1　　　　　　　　课程思政过程评价体系

一级指标	二级指标	三级指标
1 培养设计	1.1 专业标准：人才培养方案	1.1.1 培养目标（主要蕴含课程思政元素）
		1.1.2 毕业要求（主要蕴含课程思政元素）
		1.1.3 课程体系（专业与课程映射的主要课程思政元素矩阵）
	1.2 课程标准：课程教学大纲	1.2.1 课程目标（主要蕴含课程思政元素）
		1.2.2 课程考核标准和评价要求
	1.3 实施规范：课程教案（课堂教学设计）	1.3.1 课程思政元素及融入点
		1.3.2 教学组织和课程思政实施设计
		1.3.3 过程性考核评价设计
2 组织实施（课程思政认定）	2.1 课堂教学（课中）	2.1.1 按设计完成教学组织
		2.1.2 课程思政引起学生共鸣
	2.2 课外教学（课前、课后）	2.2.1 学生利用课程网络资源库学习
		2.2.2 师生利用交互系统交流
3 考核评价	3.1 学生学习过程性评价	3.1.1 第一课堂学习全过程情况和态度记录（课前中后过程性考核）
		3.1.2 第二课堂学生表现记录
	3.2 学生素养材料档案	3.2.1 其他学生日常活动素质表现
		3.2.2 学生的课程思政物化成果收集整理

续表

一级指标	二级指标	三级指标
4 跟踪反馈与持续改进	4.1 信息反馈	4.1.1 建立"课内循环、校内循环、校外循环"的育人信息反馈
		4.1.2 反馈信息来源包含任课教师、在校学生、应届毕业生、往届毕业生、用人单位等多方主体。
	4.2 改进措施	4.2.1 根据反馈信息进行设计标准的调整
		4.2.2 根据达成效果进行实施的问题的改进

(二) 多维育人效果目标评价指标

在课程思政全过程中，每一环节均应有评价和指标，最值得关注的是育人效果评价，其评价指标既是达成目标，也是最初培养目标中主要蕴含课程思政元素的设计。如何开展这一具体设计，首先要建立评价指标模型，具体如下所述：

（1）浙江省教育厅委托浙江省教育考试院每年开展"浙江省高校毕业生职业发展状况及人才培养质量跟踪调查"工作，其中针对用人单位反馈，包括综合素质、专业水平、实践动手能力、管理能力、创新能力、合作与协调能力、人际沟通能力、心理素质及抗压能力等八项指标进行评价，一定程度地反映了学校的育人效果。对浙江高校的人才培养起到了很好的指导作用，特别是针对综合素质，部分学校将此作为本科教育的一个重要教学环节，甚至有意识强化开设相关课程，该类课程主要通过开展综合素质教育向学生传递科学与人文精神，使学生具有完整的人格，领悟不同的文化和思维方式，从而养成独立思考和探究的习惯，激发学生自主学习的兴趣，并为其提供相关的学习方法，推动学生全面协调可持续地发展。通过加强对学生基础性、整体性、综合性、广博性知识素养的教育，使学生拓宽视野，培养独立思考与判断能力、社会责任感和健全人格。

（2）《中国普通高等学校德育大纲》对德育目标，提出热爱祖国，具有使命感、责任感、有健康的心理素质、掌握现代科学文化知识等,还提出了具体的规格描述。

(3)《高等学校课程思政建设指导纲要》(教高〔2020〕3号)中提出目标要求,诸如"引导学生了解世情国情党情民情,增强对党的创新理论的政治认同、思想认同、情感认同,坚定中国特色社会主义道路自信、理论自信、制度自信、文化自信""提高个人的爱国、敬业、诚信、友善修养""以爱国主义为核心的民族精神和以改革创新为核心的时代精神""牢固树立法治观念""深刻理解并自觉实践各行业的职业精神和职业规范"等。

综上所述,借鉴浙江省高校毕业生跟踪调查指标,参考《中国普通高等学校德育大纲》,结合《高等学校课程思政建设指导纲要》,将相关目标归纳为三个维度,分别是"关键能力""必备品格""专业(职业)精神",模型如图11-2所示。其中根据相关教育领域研究,关键能力与必备品格可以合成学生可持续发展核心素养,即核心素养,主要指学生应具备的,能够适应终身

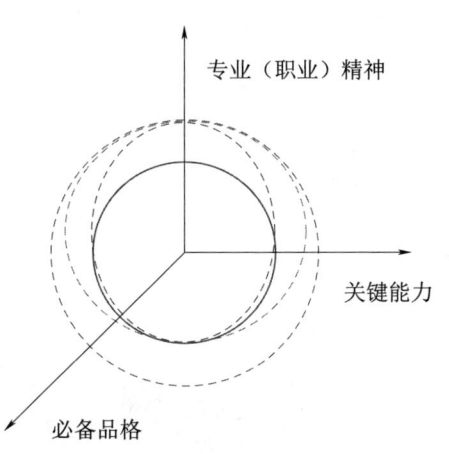

图11-2 育人成效目标标准三维度模型

发展和社会发展需要的必备品格和关键能力。各专业可以结合学校的育人特色目标,以这三个维度进行拓展,提出相关的育人成效目标标准,并通过设计与实施的分析对比,检验课程思政对"立德树人"成效的贡献度。

第三节 人才评价法应用案例

课程思政人才评价法的应用,应融合在学校的深化新时代教育评价改革的整体推进中。以下是浙江水院的具体改革试点内容,其

重点在于教学质量持续改进机制构建和学生学业过程性考核两方面。

一、浙江水院课程思政育人效果目标评价模型

上文提出了三维度的育人成效目标模型，浙江水院源于此结构，采用了一种降维延伸形式——"二维度＋"模型，如图11-3所示。由于核心素养中，学校明确主推了六项必备品格和八种关键能力，要素已经较多；为避免重复，专业（职业）精神维度能新增的要素相对很少，因此直接加入到必备品格和关键能力中，形成"品格＋"和"能力＋"的两维模型。因此，在"思政认定法"一章的举例中，"×××××专业（或××××课程大类）课程思政实施认定情况汇总表"有"其他"一列，即是这个"专业＋"的具体内容应用。

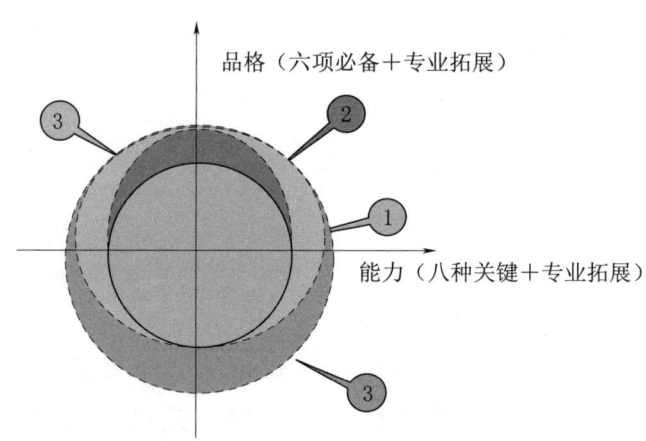

图11-3 浙江水院育人成效目标标准"二维度＋"模型

浙江水院主推六项必备品格：①态度；②相助；③感恩；④诚信；⑤信仰；⑥情怀。

浙江水院主推八种关键能力：①书面表达能力；②口头表达能力；③团队合作能力；④沟通交往能力；⑤耐心倾听能力；⑥情绪管理能力；⑦信息处理能力；⑧自主学习能力。

二、浙江水院实施的五位一体持续改进闭环机制

浙江水院出台《人才培养质量达成情况评价管理办法（试行）》（浙水院教评〔2021〕3号），明确定期开展人才培养质量评价，以"学生中心、产出导向、持续改进"为基本理念，主要包括人才培养目标合理性和达成度评价、毕业要求达成度评价、课程体系合理性评价和课程目标达成度评价，并将这一持续改进机制融入到学校"三层次、三循环、全过程"的自主监控体系中，如图11-4所示。在"毕业生跟踪反馈和社会评价"的内容中，提出"针对用人单位和行业组织的调查内容包括但不限于：对毕业生综合素质（如思想道德品质、职业道德

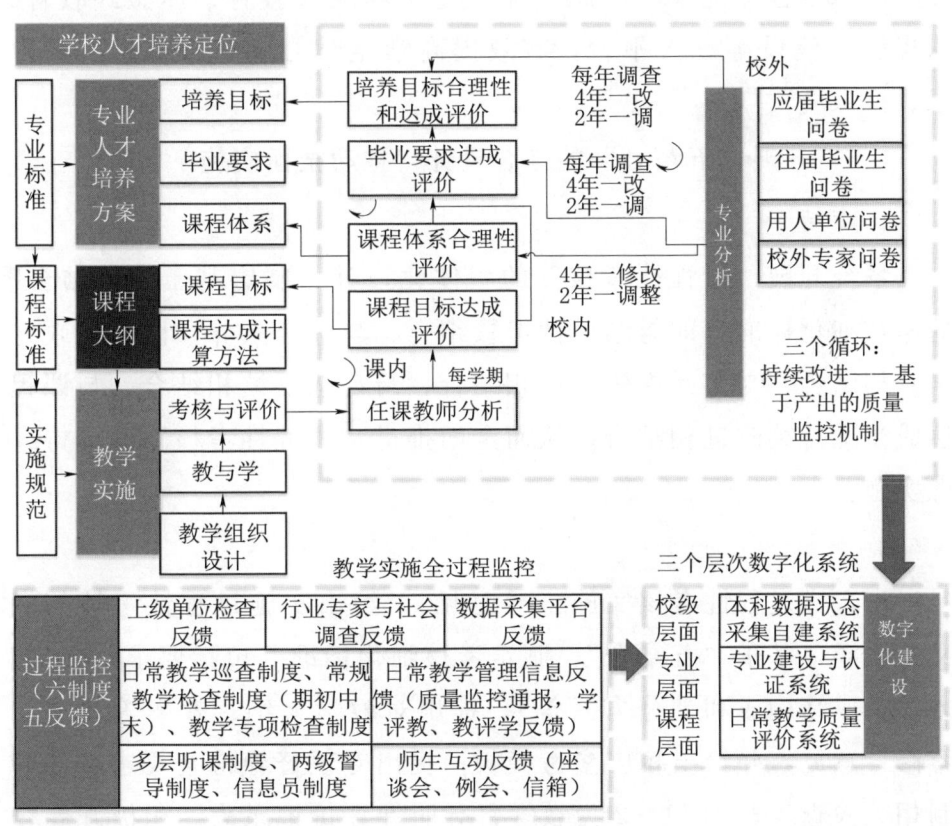

图11-4 浙江水院"三层次、三循环、全过程"的自主监控体系

素质、专业素质及技能、专业对口率、发展潜力等，包含学校课程思政共识中提出的'水文化＋'育人元素：六项必备品格、八种关键能力）的评价"。

三、浙江水院推行过程性考核评价改革试点思路

浙江水院在原有改革实践基础上，全力打造"软硬并重、多维时空"的过程性考核评价平台升级版——"五结合、三平台"的过程性考核评价体系，系统推进"过程性考核"的一体化设计，实现课程评价改革实施全覆盖，探索全面、及时、灵活、深入、可持续地评价效果；持续推行"三位一体"考核、"项目制"教学、课内外学习"全程"记录，以此为抓手完善养成式教育、体验式教育、课程线上建设等三大平台，有效提高学生学习的"自主性、获得感、投入度"。

（一）开展"五结合"的综合设计，推动全面实施

1. 思路

系统开展"过程性考核"的一体化设计，制定基于"五结合"的考核细化标准，即与结果性考核结合、与综合素养（课程思政元素）相结合、与多元主体评价相结合、与动态反馈相结合、与课程达成情况持续改进相结合，从而全面推进"过程性考核"的可持续性实施。

2. 举措

出台《过程性考核实施指导意见》，给出实施过程性考核的意义和内涵，基于"五结合"，制定考核细化标准（包括要求、项目、方式、成绩构成和计分方式等）；提出对教学大纲、教案等相关内容修订意见，并给出相应参考模板；提出专项督导检查要求，并编制相关检查表，表11-2为教学督导听课评价记录表。积极开展教学队伍的认识提升，所有课程开展上述实施全覆盖。

第三节　人才评价法应用案例

表 11-2　　浙江水院教学督导听课评价记录表

一级指标分值	评价内容	评价等级和权重（相应栏打√）				
		优秀 1.0	良好 0.8	一般 0.6	较差 0.4	差 0.2
教学理念 10分	（1）（5分）发挥课程育人作用，传递正确价值理念，注重"水文化＋"育人元素融入，践行水院"课程思政十法"					
	（2）（5分）体现"以学为中心"教学理念，引导激发学生自主学习；既重视知识学习，又注重方法的传授，注意培养学生终身学习的习惯；注重软硬能力并重，培养学生解决复杂问题的综合能力和思维，体现高阶性					
教学准备 10分	（3）（5分）教学准备充分，有规范完整的教学资料（教学大纲、教案、授课计划、学生名单等），选用有思想性、科学性、时代性等的优质教材，无问题反应（体育音乐美术等术科：准备充分，相关教学场地和器材安排合理）					
	（4）（5分）教学目的明确，课堂教学设计先进（如采用BOPPPS等模式），单元时长适中合理，设计多种方式减少"满堂灌"现象（体育音乐美术等术科：量和难度适中，对提高技法成效明显，能根据个体差异，分别耐心指导）					
教学内容 25分	（5）（10分）与大纲吻合，传授的知识和理论正确，内容丰富且适度，有一定的深度、广度和挑战度，学生得到思考、联想、创新的启迪					
	（6）（10分）突出重难点，深度挖掘课程思政元素，教学案例紧密结合课程目标					
	（7）（5分）理论联系实际，以科研成果充实教学内容，体现创新性，学生获得新思想、新概念、新成果的启发（体育音乐美术等术科：理论系统完整，与实践结合，易于理解，指导性强）					
教学方法 15分	（8）（5分）语言简洁规范、脱稿讲授、有激情与感染力；PPT或教学视频制作美观，板书合理清晰，有效利用教学媒体和教具（体育音乐美术等术科：讲解和演示正确，示范标准、动作规范）					

续表

一级指标 分值	评价内容	评价等级和权重（相应栏打√）				
		优秀 1.0	良好 0.8	一般 0.6	较差 0.4	差 0.2
教学方法 15分	（9）（5分）教学方法多样有效，积极采用问题导向、案例导向、项目式、体验式、启发式、探究式、讨论式、参与式等教学方法，互动效果好					
	（10）（5分）积极采用"互联网＋"教学手段，有效采取线上线下混合式教学方式，效果好					
考核评价 15分	（11）（10分）科学制定全过程评价方案，指标透明客观科学，并严格实施；采取多种方式对学生课内外学习表现进行检查、指导并给予评价考核，记录完整规范					
	（12）（5分）采取有效措施，学生到课率高，严格课堂教学管理，关注并帮助学生保持良好学习状态；评价融入养成教育理念，如知识＋技能＋态度的三位一体考核方式					
学习效果 25分	（13）（10分）营造严肃活泼的课堂氛围，学生精力集中，无瞌睡、玩手机现象，参与意识强，主动回应教师的启发和引导（体育音乐美术等术科：学生自我训练意识增强、相关技能提高）					
	（14）（5分）不另增加学时，育人元素润物无声、潜移默化地融入；有引起学生情感共鸣、启迪思想、触动灵魂的动心动情效应					
	（15）（10分）形成一定的风貌和鲜明的特色，促进学生发展作用较大、效果好，教学质量提升较明显（若是一流课程，需按相应指标评价，体现高阶性、创新性和挑战度，具有较好的示范性）					
合　　计						

（二）完善"三位一体"考核的养成式教育平台，提高"自主性"

1. 思路

持续开展"知识＋能力＋态度"三位一体考核，以课程为单元搭建一个个培养学生优良素质和行为习惯的养成教育平台，教师结合课程实际,细化过程性考核指标,有效促进学生守时守纪、集体精神、自觉自律等养成;考核体系重点考虑两方面:一是平时成绩强调态度考核;二是在实做或合作项目教学环节中的综合素质表现,强调团队与个人的合成。将评价方法向学生公布约定,营造良好课堂学习氛围,不断帮助学生修正行为习惯,以养成式的态度培养提升学生学习的"自主性"。

2. 举措

推行浙江水院"'知识+能力+态度'三位一体考核"2.0版,开展相关课程认定不少于800门:一是从课程考核设计认定转变为考核评价的实施认定,教师在教学过程中,不光关注学生的成绩高低、答案的正确,还须尽力发现学生的闪光点,帮助他们增强自信心;二是在原实践基础上,积极结合学校课程思政建设,进一步深挖态度考核内涵,融入浙水院课程思政十点共识中的内容——"水文化+"育人元素(六项必备品格、八种关键能力)。

(三)完善"项目制"教学的体验式教育平台,提高"获得感"

1. 思路

持续开展"以素质取向"的项目制教学,强调体验式教育促进学生一定程度亲历工程实际(包括心理上的亲历和参与实践活动亲身经历或"亲为"),可以高效地从中获得真切感受,并激发起相应的道德情感,从而提升职业认识,形成积极的人生态度,促进个性成长,以素质取向的项目体验过程评价记录促进学生的学习"获得感"。

2. 举措

推行浙水院"项目制教学"2.0版,开展相关课程认定不少于300门:一是从课程内容设计认定转变为教学组织的实施认定;二是在原实践基础上,积极结合不同专业课程特点,基于能力培养探索不同的开展形式,并形成范式推广,如较为成熟的三种类型:一是教学做一体形式,在实验室或实训室上课,采取小班化教学+分组实做，实行讲练结合、边学边做；二是实做项目嵌入式，主要是在课程中嵌入一定的真实性工程项目，采用教室讲授＋实训室实做的形式，合班授课、分组进行项目；三是工程案例全程结合式，主要适合大工程设计类课程，学生在学校无法真正参与这样的工程项目，教师根据课程内容选取一个真实工程项目，将设计图纸与教学内容结合，实现课程与该项目全程贯穿对接，通过案例对照、模拟设计等方法，实施项目教学。

（四）完善"全过程学习"记录的线上课程平台，提高"投入度"

1. 思路

持续完善学校网络教学课程平台，充分发挥平台的线上资源作用，推进线上线下混合教学，利用"在线考勤、线上自学、在线互动练习和测试、在线作业和研讨"等功能，实现课前预习、课中互动、课后复习的课内外一体，开展线上线下混合教学，以学生学习的全过程评价记录促进学生"投入度"。

2. 举措

推行浙水院"翻转课堂"2.0版，开展优秀实施课程评选不少于100门：一是进一步普及各类在线教学平台使用，包括校网络课程超星平台（学习通）、雨课堂（学堂在线）、蓝墨云等；二是积极智慧教室使用，学校在原13间基础上，又新建了50间，并于2022年下半年正式启用；三是在原有实践基础上，重点推行SPOC教学，特别针对大班授课情况，利用线上平台，开展课堂上"一对多"互动，破解人多即时互动难的问题，并实现自动考核记录。

（五）积极开展相关教学研究和条件建设，用于持续改进

1. 思路

在理论与实践结合基础上，积极开展相关教学改革专题项目研究，以及相关评价信息化系统的建设完善，并将取得成果不断用于实践，完善本试点项目内容。如在正确认识过程性评价概念和内涵的基础上，科学设计质性的、描述性的、展示性的评价手段，建立课程教学中的过程性及时反馈机制,基于课程过程性考核建立学生个人表现记录(评价档案)等,以研促改、以建促改,持续改进。

2. 举措

每年开展专项校级教学改革项目立项若干;与学校课程思政实施方案中相关内容合一推进;与学校课堂教学改革行动计划相关内容合一推进;每年列入学校教学开放专题交流活动。抓住学校数字化改革契机,不断整合优化"学校网络教学课程平台""学校日程教学质量监控系统(课程评价)""教务管理系统"等支持条件,提升线上考核分析评价功能,配合过程性考核改革试点的有效开展。

附　　录

附录一　教学设计法——基于课程思政融入

案例：以工程教育认证为契机，践行"灌溉排水工程学"课程思政建设

一、课程基本情况

课程名称：灌溉排水工程学

课程类型：专业必修课

授课学分/学时：64学时（其中实验16学时）；4学分

主要教材：《灌溉排水工程学》（第二版），汪志农，中国农业出版社

教学团队：段永刚、王茜、柏宇

二、课程改革基础与背景思路

（一）基础与成果

（1）"灌溉排水工程学"立项校级核心课程，浙江水利水电学院，2018年10月。

（2）"农田灌溉土壤入渗虚拟仿真教学实验"获得浙江省"十三五"高校虚拟仿真实验教学项目立项，2019年10月至2020年8月。

（3）"新工科背景下的"灌溉排水工程学"课程实践条件建设"，教育部（2019年教育部协同育人项目），2020年1—12月。

(4) 2021年立项校级课程思政示范课程建设项目。

（二）背景与思路

(1) 背景。"灌溉排水工程学"是面向农业水利工程专业大三学生的专业课，以毕业生职场需求为目标，以"铜山源灌区规划设计"为主线，围绕立德树人根本任务，通过过程考核进行评价，实现全员全程全方位育人，培养具有"态度、感恩、情怀"核心价值观。

(2) 思路。"灌溉排水工程学"课程主要依据《浙江水利水电学院"课程思政"教育教学改革——"思政十法"》和"OBE"教育理念，采用"隐形融入法"等教学手段，进行教学改革路径与对策研究。具体思路如附图1-1所示。

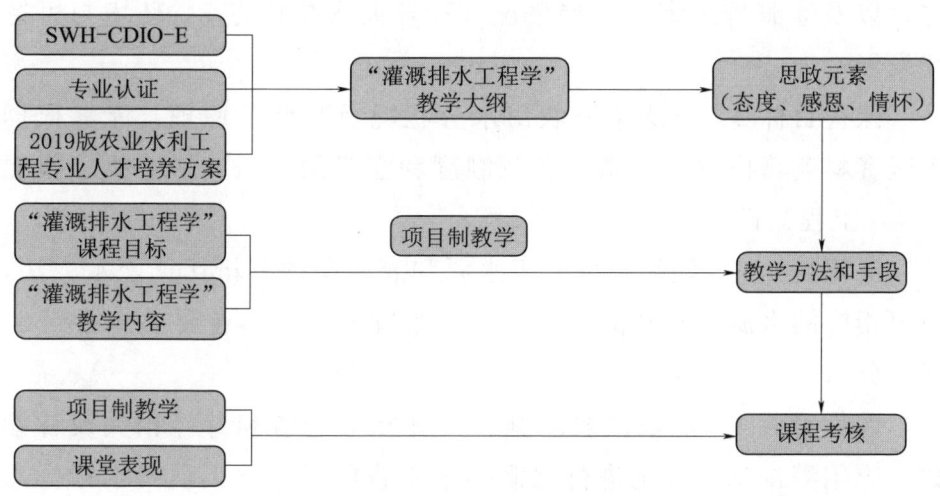

附图1-1 "灌溉排水工程学"课程改革思路图

三、课程思政设计

（一）针对课程目标——课程思政育人元素的提取与凝练

1. 从专业出发正向对接

对接依据一：农业水利工程专业人才培养目标。

本专业面向经济社会发展和文化传承要求，培养适应社会主义现代化建设需要，德、智、体、美、劳全面发展，具有"良好的科学、文化素养和高度社会责任感",系统地掌握农业水利工程基础知识、基本理论、工程技能和技术知识,能够从事农业水利工程勘测、规划、设计、施工、管理以及水土资源开发与利用等方面工作,具有良好的职业道德、敬业精神、创新能力、实践能力和可持续发展能力的高素质应用型高级工程技术专业人才(载自:浙江水院 2019 版人才培养方案)。

对接依据二:课程对接专业毕业要求达成度(附表 1-1)。

"灌溉排水工程学"课程是介于工程学与农学之间,涉及土壤、植物、工程、数学、力学、环境及经济等多个学科。通过本课程教学,使学生具备以下能力:

课程目标 1:了解农业水利的基本任务、研究对象和基本内容,以及灌溉排水事业发展概况(毕业要求指标点 7:环境与可持续发展)。

课程目标 2:熟练掌握农田水分状况及其调节原理,能够根据灌区资料测算作物需水量、灌溉制度和灌溉用水量(毕业要求指标点 1:工程知识)。

课程目标 3:能够根据灌溉水源和灌区条件分析比选灌水方法,拟定相应的水源工程和灌溉系统规划布置方案(毕业要求指标点 2:问题分析)。

课程目标 4:能根据灌溉排水设计标准选取和计算相关设计参数,应用灌排基础理论进行灌溉排水工程的设计(毕业要求指标点 3:设计/开发解决方案)。

课程目标 5:理解灌排管理的任务,初步掌握灌溉试验类型和灌排工程对环境的影响(毕业要求指标点 4:研究)。

"灌溉排水工程学"课程的育人指标:达成专业所需的农业水利工程知识、分析和研究复杂问题能力培养的同时,需要融入育人元素——正确认识工程技术对环境影响、团队合作、终身学习。

附表1-1　"灌溉排水工程学"课程与农业水利工程专业毕业要求达成映射矩阵表

课程名称	1. 工程知识			2. 问题分析			3. 设计/开发解决方案		4. 研究		5. 使用现代工具		6. 工程与社会		7. 环境和可持续发展		8. 职业规范			9. 个人和团队		10. 沟通		11. 项目管理		12. 终身学习	
	1.1	1.2	1.3	2.1	2.2	2.3	3.1	3.2	4.1	4.2	5.1	5.2	6.1	6.2	7.1	7.2	8.1	8.2	8.3	9.1	9.2	10.1	10.2	11.1	11.2	12.1	12.2
灌溉排水工程学									H	H					H	H					H						

注　节选自《浙江水院2019版农业水利工程专业人才培养方案》。

2. 从课程出发逆向支撑

根据"灌溉排水工程学"课程内容,形成思政元素如下:

- 思政元素 1——态度:培养职业态度,在教育实践中培养对他人、集体、国家和社会所负责任的认知和信念,培养与此相对应的承担责任、履行义务的自觉态度。

- 思政元素 2——信仰:培养正确信仰,通过典型宣传和对"热点"问题的正确引导,践行党的政策方针,营造科学氛围,树立崇高信仰。

- 思政元素 3——情怀:培养爱国情怀,在教学中通过典型工程和人物,引导学生厚植爱国主义情怀,立志扎根人民、奉献国家。

(二) 针对课程内容

结合 2019 版人才培养方案要求,依据工程教育认证"灌溉排水工程学"毕业要求指标点设计课程思政内容(附表 1-2),具体如下:

(1) 以毕业生职场需求为目标,以"铜山源灌区规划设计"为主线,围绕立德树人根本任务,通过过程考核进行评价,实现全员全程全方位育人,培养具有"态度、信仰、情怀"核心价值观。

(2) 以水利人物故事和"乡村振兴"发展为线索,将"态度、信仰、情怀"育人元素融入专业知识教育,将学科和工程前沿引入课堂,以典型灌区项目为载体,将理论教学与实践教学融为一体,依据《浙江水利水电学院"课程思政"教育教学改革——"思政十法"》,采用"隐形融入法""行走课堂法""红色案例法"等教学手段进行教学。

(3) 针对校外实践基地,以"行走课堂"的方式,开展红色追忆、农村蹲守、劳动体验等实践活动,创建农业水利工程专业铜山源水库灌区"课程思政"实践教学基地。

附表1-2　"灌溉排水工程学"思政元素融入表

课程内容	思政元素融入	教学方法	育人目标
第三章 灌溉系统规划设计 第二节 灌溉水源与取水方式	四川"都江堰" 金华"白沙溪三十六堰"	红色案例法	情怀：通过典型工程和人物引导学生厚植爱国主义情怀，立志扎根人民、奉献国家
第三章 灌溉系统规划设计 第五节 渠系建筑物	铜山源水库灌区现有27座不同型式渡槽，5座涵洞（体现时代特点）	行走课堂法	信仰：培养正确信仰，通过典型宣传和对"热点"问题的正确引导，践行党的政策方针，营造科学氛围，树立崇高信仰
第三章 灌溉系统规划设计	以毕业生职场需求为目标，以"渔山畈灌区规划设计"为主线，穿插2个创新主题，培养学生"新时代水利精神"，根据灌区规划规范要求，设置6个知识点，3个能力，让学生直接参与项目的全过程，去完成每个步骤的实践任务	项目制教学法	态度：培养职业态度，在教育实践中培养对他人、集体、国家和社会所负责任的认知和信念，培养与此相对应的承担责任、履行义务的自觉态度
第四章 灌溉管道系统 第一节 输水管网的规划布置	列举优秀校友（奕永庆）、水利人物进行教学	红色案例法	态度：培养职业态度，在教育实践中培养对他人、集体、国家和社会所负责任的认知和信念，培养与此相对应的承担责任、履行义务的自觉态度

四、课程思政具体实施

（一）一门课的实施

1. 铜山源水库灌区——"课程思政"红色实践教学基地

铜山源水库灌区为农业水利工程专业紧密型实践基地，该灌区有27座不同形式的渡槽，5座涵洞，2座倒虹吸，体现20世纪50—60年代特征，融入"灌溉排水工程学"整个教学环节，如附图1-2所示。

附图1-2 "灌溉排水工程学"课程红色实践基地

2. "项目教学·体验教育"实施（隐性融入法）

"灌溉排水工程学"课程以"渔山畈灌区规划设计"为主线，穿插两个创新项目，根据灌区规划规范要求，设置5个课程目标、6个知识点、3个能力，采用"实际工程"项目制、"创新型"项目制、翻转课堂、校企合作四种教学方法，让学生直接参与项目的全过程，去完成每个步骤的实践任务，如附图1-3所示。本项目的体验式教育，容易激发起学生正确的道德情感培养，如团队合作、吃苦耐劳、坚持不懈、认真求实等，如附图1-4所示。

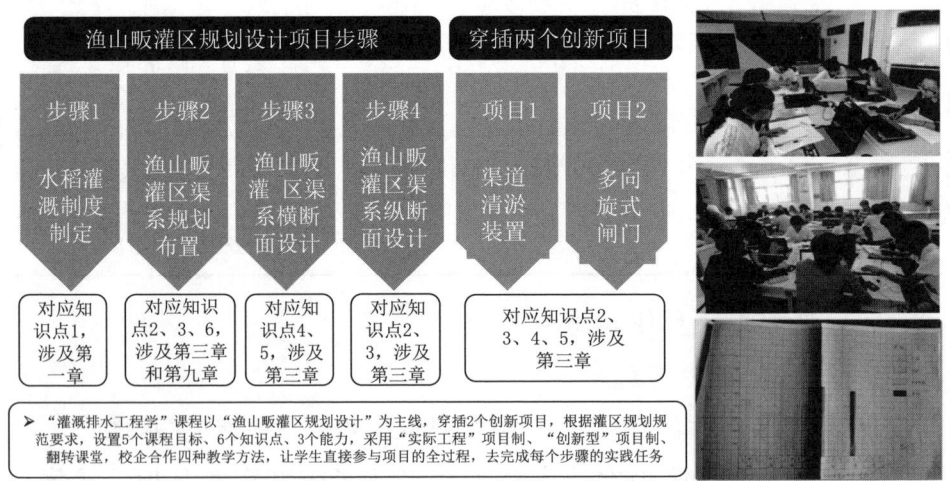

附图1-3 "灌溉排水工程学"课程项目设计

3. "态度评价·养成教育"实施（隐性融入法）

平时成绩细化。本课程平时成绩强调过程性态度考核，包括了

附录一　教学设计法——基于课程思政融入

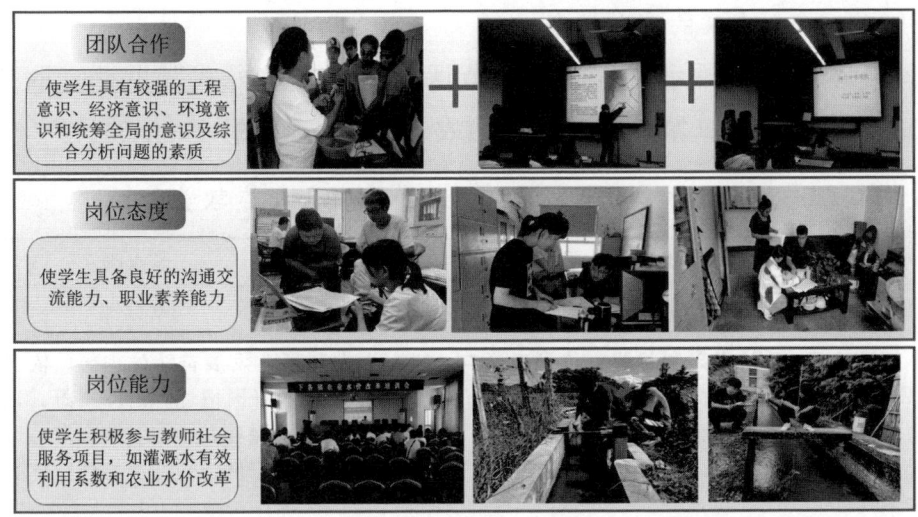

附图1-4　"灌溉排水工程学"课程项目设实施

考勤、平时表现、作业、期末考试4个方面，并逐年动态优化，一般每生达20多次评分记录。同时，随着线上教学的采用，近年来增加了在线部分的过程记录和评分比重日益增加，特别是本课程推行大量线上课堂内练习和课堂外作业。实做项目考核，强调团队与个人的结合，如附图1-5所示。

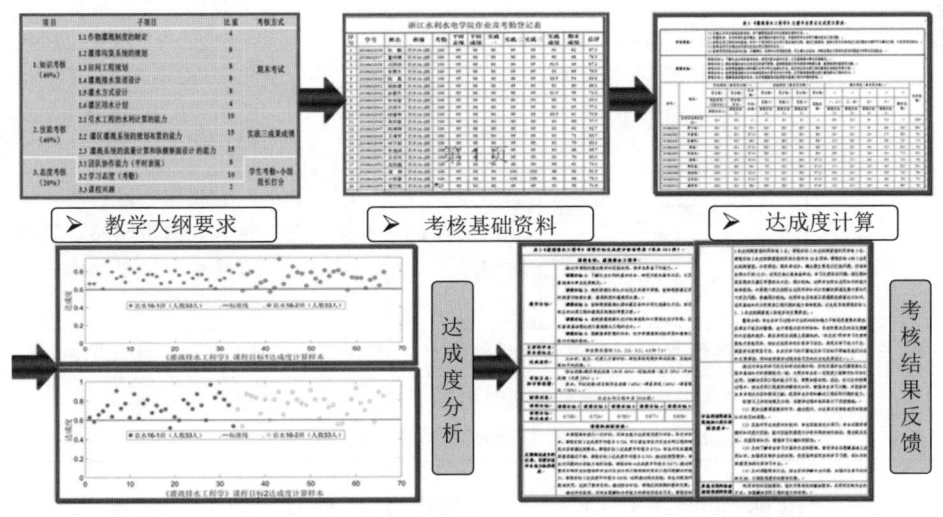

附图1-5　"灌溉排水工程学"课程态度考核

(二)一节课的实施举例

(1)"灌溉排水工程学"一节课"灌溉取水方式"设计(取自2021年4月23日第一节课,面向农水18级,见附表1-3)。

附表1-3 "灌溉排水工程学"一节课"课程思政"教学设计

教学内容	灌溉取水方式	设计者	段永刚
面向专业	农业水利工程	时间	40分钟
教学目标:受治水兴利前辈言传身教影响,树立为水利事业发展奋斗的理想。依据"OBE"教育理念,注重培养学生树立理想信念、科学精神、家国情怀、国际视野、社会责任感等。围绕立德树人的根本任务,将课程思政融入主要课程教学与实践环节,通过过程考核进行评价,实现全员全程全方位育人,培养具有"态度、信仰、情怀"核心价值观			
教学过程	教师活动	学生活动	备注
时间(5分钟)	一、内容导入:结合灌区与水源位置引入四种灌水方式。	互动交流"取水影响因素"	确定本节重点和难点
时间(25分钟)	二、内容讲解:四种灌溉取水方式适应条件及应用	互动交流成都"都江堰"和金华"白沙溪三十六堰"	引入"都江堰"和"白沙溪三十六堰"典型工程培养"情怀";引入我校刘学应教授人物培养"态度"
时间(8分钟)	三、知识拓展:结合自己项目探讨"十四五"要求现代化灌区要求	互动交流"浙江省2021年水利重点—数字赋能"	引入"十四五"现代化灌区要求培养"信仰";引入规范培养"态度"
时间(2分钟)	四、布置作业:下载《灌区规划规范》(GB/T 50509—2009)	记录作业要求及提交时间	下载规范过程中,引导学生浏览网站,了解国家水利时事动态,培养"信仰"
板书设计	(灌区取水规划布置图)无坝取水、有坝取水、抽水取水、水库取水。		
作业设计	通过3个网站"标准规范"栏目下载《灌区规划规范》(GB/T 50509—2009),从而引导学生浏览网站,了解国家政策		

(2)"灌溉排水工程学"一节课思政元素融入PPT截图(取自2021年4月28日第一节课,面向农水18级)。

1) 引入"都江堰"和"白沙溪三十六堰"典型工程培养"情怀";引入我校刘学应教授人物培养"态度",如附图1-6所示。

附图1-6 "灌溉排水工程学"PPT截图1

2) 引入"十四五"现代化灌区要求培养"信仰",引入规范培养"态度",如附图1-7所示。

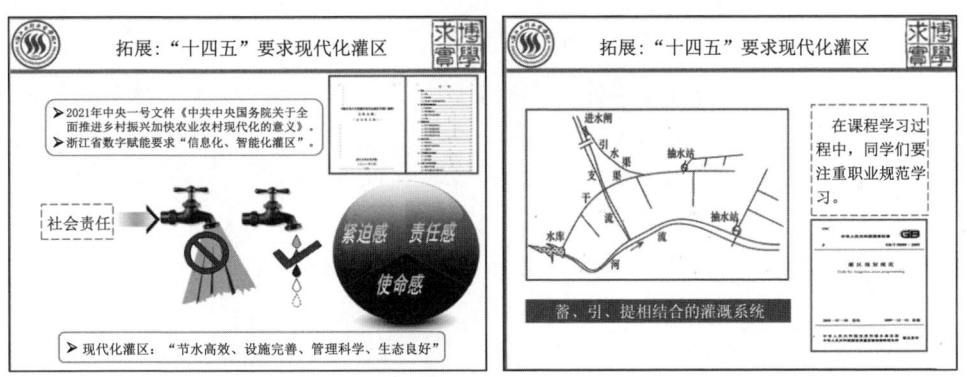

附图1-7 "灌溉排水工程学"PPT截图2

3) 下载规范过程中,引导学生浏览网站,了解国家水利时事动态,培养信仰,如附图1-8所示。

五、取得成效分析与体会

实践证明,转变教学理念,渗透式融入思政元素,优化教学设计,重构课程内容,灵活运用多种教学方法,利用智慧课堂载体构建线上线下混合式教学模式,改变课程评价方式,将传统"一言堂"的灌溉排水工程学讲授课堂转变为以学生发展为中心的探究、

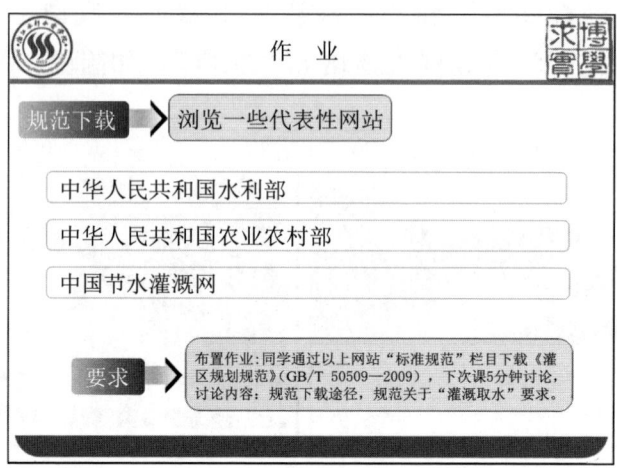

附图1-8 "灌溉排水工程学"PPT截图3

互动课堂，能消除过去教学中的"痛点"，落实立德树人的根本任务，将在工程认证背景下培养更多高素质应用型高级工程技术专业人才。

附录二　隐性融入法——项目制教学

案例："数字电子技术"项目制教学

案例提供：张国琴

一、课程基本情况

课程名称：数字电子技术

课程性质：专业基础课

面向专业：电气工程及其自动化

使用教材：《数字电子技术基础简明教程》（第四版），余孟尝，高等教育出版社

学时/学分：40 学时；2.5 学分

教学团队：杨启尧、郎燕峰、彭涛

所属单位：电气工程学院电工电子教研室

二、项目制教学设计

（一）课程目标

学生学习本课程以后，掌握数字电路或数字系统所需的专业基础知识，掌握基础数字电子电路分析设计方法；掌握电子器件的原理和使用方法，了解掌握数字电路在工程实践中的应用，具备一定的分析和解决电子工程中实际问题的能力；具备一定的创新素质，善于线上线下自主学习，具备了解数字技术学科前沿的技术。结合课程学习，使学生懂得"做人如水，学会包容，心怀梦想；做学问如水，自强不息，锲而不舍；做事如水，学会感恩，回馈社会"。

（二）设计思路

课程采用基于 SWH-CDIO-E 线上线下混合式项目制教学方法：将原教师集中讲授为主改为课前—课中—课后分段学习，强调学生自主探究、组内互相学习讨论。

课前：教师设计、下发学生线上学习任务单；组建学习小组，学生依单线上自主学习，记录问题困惑；小组线上互动、师生线上互动。

课中：将原理论与实践分离，改为在实验室教学，教师设计典型项目及其C-D-I-O实施方案、学习测试任务等；边做边学、边练边学；学生利用"学习通"实时测试，合作项目构思、电路设计、仿真实现或实物安装调试。教师进行选题、购买元件、焊接调制、完成小产品实物演示，测试结果分析、交流，知识点针对性补充讲解，项目CDIO引导，问题分析、交流总结，线上资源学习指导交流。

课后：学生整理学习成果，完成项目测试报告和作业；教师线上发布共享数据，教学反思总结改进，个别指导对短板学生；组织学生电子创新活动，参加教师科研、"院—校—省"三级电子设计竞赛，提升学生学习能力，实现高阶训练。

设计课程思政。教育学生数字时代，学好数电，服务社会，崇尚"上善若水，水善利万物而不争"；做项目潜心学习、孜孜不倦，恰如"水长流不息，滴水石穿"，仔细观察，"君子遇水必观（观察、体会、感悟、仿效）"；团队合作，学习"水或方或长，兼具包容之心"等。

（三）课程学时分配

课程学时分配见附表 2-1。

附表 2-1　"数字电子技术基础"学时分配

序号	教学项目	子项目	典型任务	参考学时
1	表决器	表决器逻辑关系的建立	常用数值及互相转换	8
			常用编码	
		表决器最简表达式获取	常用逻辑运算	
			逻辑函数的化简	
		表决器所用门电路的测试	二极管门电路、三极管门电路、集成门电路	
		表决器的制作与调试	组合逻辑电路的分析方法	4
			组合逻辑电路的设计方法	

续表

序号	教学项目	子项目	典型任务	参考学时
2	报警器	组合逻辑电路的分析与设计	应用组合逻辑电路的分析方法	8
			应用组合逻辑电路的设计方法	
		典型组合逻辑电路的应用	编码器及其测试	
			译码器及其应用研究	
			其他组合电路及其应用研究	
			显示器及报警器的安装调试	
3	抢答器	按钮开关的防抖动	按钮开关的防抖动	4
		典型触发器及其应用	常见触发器性能及其应用	
			抢答器及其安装调试	
4	电子钟	计数器	计数器及其功能的阅读	10
		时序逻辑电路的设计	任意进制计数器的设计及测试	
			同步时序逻辑电路的设计	
		时序逻辑电路应用	电子钟	
5	电子门铃	时间可控音乐门铃	信号的发生及其整形	2
			叮咚门铃	
			时间可控音乐门铃	
6	数控电压源*	DAC及其应用研究	数模转换电路及其测试	4
			数控电流源*（该部分内容为选做）	
		ADC及其应用	模数转换电路及其应用	
合计				40

（四）教学内容与要求

教学内容及任务见附表2-2。

三、项目制的具体实施

通过项目形式把课程的知识点重组。总共分为6个项目：表决器、报警器、抢答器、电子钟、电子门铃、数控电压源，每个项目都包含相应的典型任务，每个典型任务包含相应的知识点。如附图2-1所示。

附表 2-2 "数字电子技术基础"教学内容及任务

任务名称	知识要点（♯表示重点，※表示难点）	硬能力目标	软能力目标	教学方法	成果要求
表决器逻辑关系的建立	常用数制及转换；♯BCD码；♯常用逻辑关系	逻辑关系的描述	理论联系实际的能力	启发式	作业
最简逻辑表达式的获取	逻辑函数代数法化简，♯卡诺图法化简；※无关项	最简表达式的获取、逻辑关系互换	产品成本、质量意识的建立	多媒体教学	作业
集成门电路及表决器的安装调试	集成门电路分类特点及使用注意事项	门电路主要参数的测试、选择	团队合作能力，文字组织能力	教学做一体	作业及项目报告*
编码器及其测试	※编码器及其功能和功能的扩展、♯测试方法	组合逻辑电路的测试方法	团队合作能力，文字表达	教学做一体，启发式	作业及测试报告
译码器及其测试	※译码器及其功能和功能的扩展、♯测试方法	数字电路的测试方法	团队合作、文字表达	教学做一体，启发式	作业及测试报告
显示器及报警器的安装调试	显示器，※报警器的设计、安装调试	显示器选择，成本和质量意识建立	团队合作、资料查询	CDIO	作业及汇报评价
按钮开关的防抖动	机械开关，抖动，RS触发器，♯※防抖动	利用触发器解决实际问题的能力	理论联系实际的能力，团队合作，PPT制作汇报	演示、启发	作业及实训报告
抢答器及其安装调试	集成触发器，※抢答器工作原理	利用触发器解决实际问题的能力	理论联系实际的能力，团队合作，PPT制作汇报	CDIO	作业及汇报评价
计数器	存储器分类及工作原理，♯※计数器及其工作原理	时序逻辑电路的功能阅读	资料阅读、查询能力	演示讲解	作业
任意进制计数器的设计及测试	♯反馈归零法、置数法；※归零可靠性，过渡状态；计数器安装调试	计数器功能阅读，N进制计数器设计	文字组织、PPT汇报答辩能力	启发讲解	作业及项目报告
同步时序逻辑电路的设计	※同步时序逻辑电路的设计	同步时序逻辑电路的设计	团队合作、文字表达能力	多媒体教学	作业

续表

任务名称	知识要点（♯表示重点，※表示难点）	硬能力目标	软能力目标	教学方法	成果要求
电子钟	♯秒信号发生，※校时，显示	计时功能的实现	团队合作、汇报答辩	多媒体教学	作业
叮咚门铃	♯※施密特触发器；※单稳态触发器；多谐振荡器；♯※555定时器	数字信号产生与整形，定时器应用	分析能力，文字表达能力	CDIO	作业及测试报告
时间可控音乐门铃	555定时器的应用	555定时器应用	产品包装	教学做一体	作业及项目报告
数模转换器及其测试	数模转换原理，误差原因，数控电压源及安装测试	数模转换，数控电压源	团队合作、文字组织表达	CDIO	作业及项目报告
模数转换器及其应用	模数转换器的分类特点及适用场合	模数转换的应用能力	精度意识	教学做一体	作业及测试报告
数控电压源*	数控电压源	电压源转换成电流源	资料查阅，方案选择	多媒体教学	作业考试

例如，表决器项目包含4个典型任务：表决器逻辑关系的建立、表决器最简表达式获取、表决器所用门电路的测试、表决器的制作与调试（附图2-2）。

每个典型任务包含几个知识点，例如，表决器最简表达式获取包含5个知识点：常用逻辑运算、逻辑函数表示方法、逻辑代数基本定律、逻辑函数化简、正负逻辑问题。

课程采用线上线下相结合的方式，包括课前、课中和课后三个环节。课前分发学习任务单，

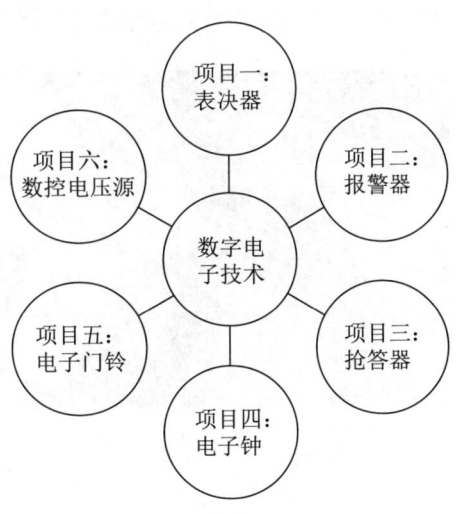

附图2-1 "数字电子技术基础"教学项目

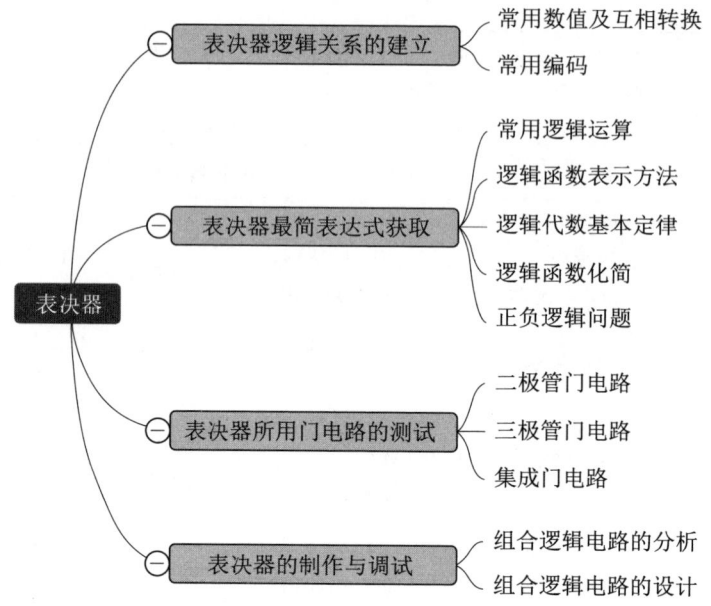

附图 2-2　表决器项目涉及知识点逻辑

完成线上知识点学习任务和测试，学生进行组内交流，学生带着问题来课堂。附图 2-3 为学生课前学习情况。

附图 2-3　课前自学

课中，通过小组之间互学、教师精讲解疑、提出问题、学生边做边学等完成项目中典型任务的分析、设计和实现（C、D、I），在实施过程中采用实时教学互动工具—超星学习通进行小测试、课堂提问的互动。附图 2-4 为利用学习通，进行实时课前测。

采用理实结合，把理论和实验结合起来，在实验室单班上课。附图 2-5 为上课实验室，主要设备包括电子技术课程的常用工具：万用表、示波器、信号发生器、数模实验箱、常用元器件、电脑（都安装相关电气仿真软件）。附图 2-6 为学生利用实验箱完成

附图 2-4　学习通课前测

项目任务。附图 2-7 为学生用实验室电脑仿真软件 Multisim 14.0 完成电子钟子项目计数器任务。

附图 2-5　上课实验室

附图 2-6　实验室操作

课后学生整理课堂结果，完成测试报告和对应练习，并进行下次的在线任务学习。教师根据学生课中情况，提供反馈，进行反思并不断改进。

由于课程学时的限制，项目的完成分为很多种形式：仿真完成、利用实验箱安装调试完成。平时的项目都是 2 人一组的项目。

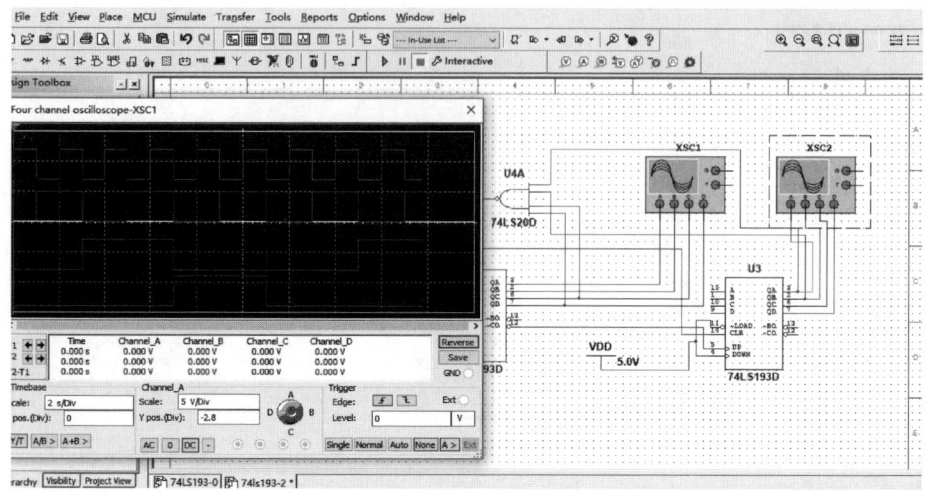

附图 2-7 仿真软件

课程最后有一个综合项目,此项目任务的布置在课程的中期,每组学生 4~5 人,要求学生制作一个自认为有趣、有用、好玩、自己想拥有的电子小产品,可以查阅各类资料,自行购买元器件,自行安装调试完成,并且最后完成实物制作。最后做好 PPT,带上电子小产品在班级学生面前汇报和展示。此项作为课程考核的一部分。

四、学生体会与评价

学生的体会总结起来主要是喜欢动手、有成就感,知道自己所学能用来做什么和学习兴趣增长。

(1) 学起来有成就感。感觉学会了一个项目,就是会设计完成并且掌握了一个电路。第一次自己完成了一个电子小产品,很有成就感。

(2) 喜欢边做边学。项目制的每一个内容都能以不同的方式动手完成并看到结果,在实验室的时间也长,老师讲到一个知识点就可以动手,不枯燥乏味,很有意思。

(3) 学习兴趣提高了。老师要求做一个小产品,很多学生做了多个小产品。

五、教学反思

（1）随着课程学时的减少和要求的提高，项目制教学要注意适时地利用网上学习的资源。

（2）项目需要不断地更新。让项目更有现代感、更接近学生的生活，可以是一个复杂项目的一部分。

（3）项目制教学也许可以把各相关课程合并在一起，这样就可以完成更大的、更接近现实的、难度更大的实用项目，并且把不在项目内的课程部分内容直接去除。

（4）项目可以分为可选项目和难易程度不同、综合程度不同的项目，学生根据自己的兴趣或者是学习能力选择完成不同类型的项目，根据项目的难易和复杂程度给予学生相应的考核成绩。

附录三 隐性融入法——"知识＋技能＋态度"三位一体考核

案例："数字测图原理与方法"三位一体课程教学

案例提供：黄伟朵

一、课程基本情况

课程名称：数字测图原理与方法

课程性质：专业核心课程

面向专业：测绘工程

使用教材：数字地形图测绘原理与方法，徐文兵，中国原子能出版社

学时/学分：64学时；4学分

教学团队：黄伟朵、毛迎丹、何冰、王川阳

所属单位：测绘与市政工程学院

二、考核设计

本课程是测绘工程专业的一门实践性很强的专业核心课程，其任务是使学生掌握数字化测图的基本理论、基本知识和基本操作技能，能独立进行大比例尺数字地形图的测绘；熟练掌握水准仪、全站仪等测量仪器的使用方法，掌握数字测图的基本原理和方法，掌握数字化成图软件——南方CASS的使用方法；熟练掌握测量工作中的外业工作和内业计算，使学生具有较强的测、算、绘的能力。

课程总体设计思路是，打破以知识传授为主要特征的传统学科课程模式，转变为基于工作过程的教学模式，以完整的数字地形图测绘的工作任务为对象，组织学生学习相关的知识，培养相应的职业能力。

针对上述课程设计思路，很难用一张试卷来对学生进行考核，

故课程采用"知识+技能+态度"的三位一体考核方式,结合专业人才培养方案以及所要达成的能力目标,科学设计本课程考核标准,具体细分指标如附图 3-1 所示。

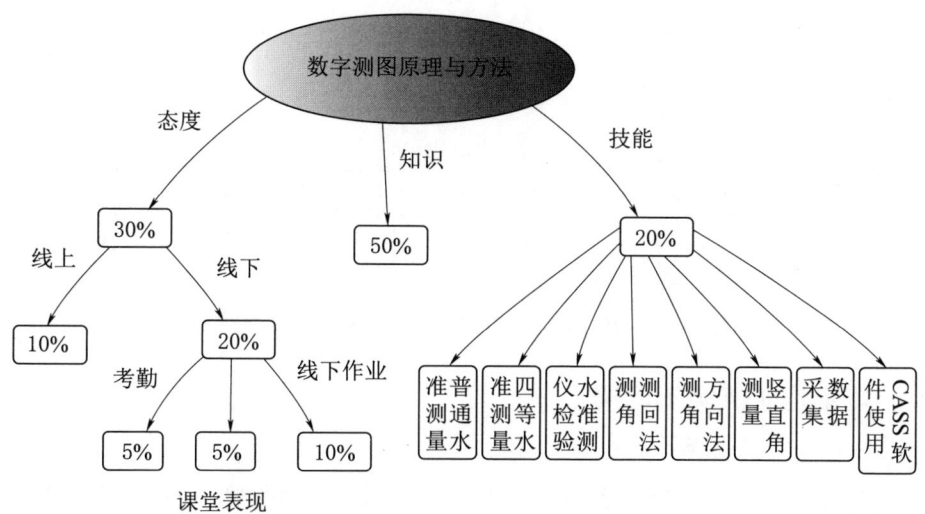

附图 3-1　测绘工程专业"数字测图原理与方法"考核指标

以上是测绘工程专业学生"数字测图原理与方法"课程的考核标准,总课时 64 学时。土木工程专业的"工程测量"总学时为 40 学时,考核指标的分类体系参照"数字测图原理与方法",但里面教学内容进行了调整,具体如附图 3-2 所示。

土木工程专业(专升本)的"工程测量"虽然总学时也为 40 学时,但相较于普通本科班,土木专升本人才培养方案中没有一周测量的综合实训,因此在课程考核中加大了实验成绩的比重,由 20%变为 30%;另外考虑专升本同学要比普通本科班学习任务重很多,同时学习自觉性也高一些,故减少线上学习环节(当然也有平台账号导入繁琐的因素)。可以看出,课程考核标准是经过认真分析,科学设计的。

三、实施情况

从附图 3-1 可以看出针对本课程,制定出了较为精细的考核指

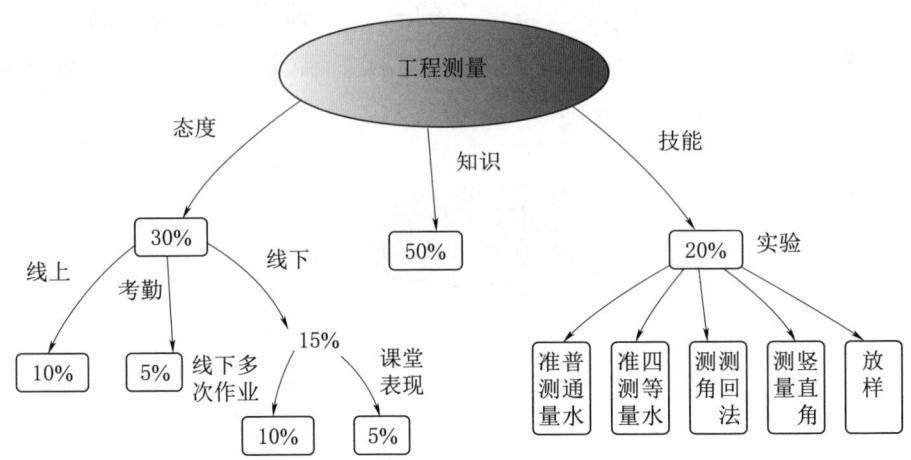

附图 3-2 土木工程专业"工程测量"考核指标

标,具体是如何实施的呢?

(一)态度方面

态度占比 30% 是由线上学习、线下作业、课堂表现以及考勤四部分组成的。

首先经过多年的建设,本课程已被认定为浙江省一流课程和省在线开放课程,拥有丰富的课程资源库,为线上学习提供了便利与保障。线上学习包括视频学习、每个项目对应的作业、测验题、还有线上笔记、发帖等,共占 10%。线上学习评价结果如附图 3-3 所示。这里值得一提的是,线上测验时,若同学们对自己的成绩不满意,可以有第二次重做的机会,系统自动取两次中的高分参与最后线上总评计算,这样的设置可以引导学生积极向上、努力改进的素质养成。

线下作业也由多个项目组成,其具体组成以及最后评价结果如附图 3-4 所示。

考勤分占比 5%,即总分为 5 分,共有 32 次课,若按比例来算,一次旷课只需扣 0.15 分,这样违纪成本太低,开学初给同学们明确评分标准,旷课实行惩罚性扣分制度,一次旷课直接扣总评分里的 1 分,请私假扣 0.2 分,公假扣 0.1 分,迟到、早退各扣 0.2

测绘20级 "数字测图原理与方法"线上成绩

序号	学号	姓名	视频	作业	测验	笔记	讨论帖	线上成绩
1	2020b04001		40.0	18.1	24.7	5.0	5.0	93
2	2020b04003		40.0	17.3	18.8	5.0	5.0	86
3	2020b04005		40.0	18.5	19.8	5.0	5.0	88
4	2020b04009		40.0	18.6	16.3	2.5	2.5	80
5	2020b04010		1.1	0.0	0.0	0.0	0.0	1
6	2020b04011		40.0	16.0	12.1	0.5	2.5	71
7	2020b04012		40.0	16.9	14.7	0.0	0.0	72
8	2020b04013		39.3	16.4	17.3	0.0	0.0	73
9	2020b04014		40.0	17.9	12.2	1.5	2.5	74
10	2020b04015		40.0	14.5	16.4	2.5	5.0	78
11	2020b04016		40.0	18.5	12.9	2.0	5.0	78
12	2020b04017		40.0	20.6	3.9	5.0	5.0	75
13	2020b04019		40.0	20.3	23.5	5.0	5.0	94
14	2020b04020		40.0	18.8	0.0	0.0	0.0	59
15	2020b04021		40.0	17.3	17.0	5.0	4.0	83
16	2020b04022		40.0	18.5	10.2	5.0	5.0	79
17	2020b04023		40.0	17.6	14.0	5.0	5.0	82
18	2020b04024		40.0	17.6	17.7	0.0	0.0	75
19	2020b04025		40.0	13.9	9.0	5.0	5.0	73
20	2020b04026		26.6	17.7	17.1	0.0	0.0	61
21	2020b04027		40.0	9.9	22.2	5.0	5.0	82
22	2020b04028		40.0	19.1	15.3	5.0	5.0	84
23	2020b04029		40.0	20.3	23.7	5.0	5.0	94
24	2020b04030		40.0	19.2	21.1	5.0	5.0	90
25	2020b04031		30.3	12.8	0.0	0.0	0.0	43
26	2020b04032		40.0	18.9	17.0	3.5	2.0	81
27	2020b04033		38.0	14.1	0.0	0.0	0.5	53
28	2018b04007		40.0	19.6	21.8	5.0	5.0	92

附图3-3 部分同学的线上成绩

分,具体执行结果如附图3-5所示。

课堂表现主要看学生的听课情况,学生回答问题情况,还包括有没有带课本或要求带的其他学习资料,如实习报告等。对上课玩手机等违纪行为也实行惩罚性扣分制度,发现一次直接扣总评分里的1分,回答问题一点不会的扣0.2分,不带学习资料扣0.2分,具体执行结果如附图3-6所示。

实行惩罚性扣分制度提高学生的违纪成本,有利于学生养成良好的遵守规则意识。

(二)技能方面

技能部分是由8个实验项目组成的,为了保证实验效果,对这

测绘 20级 "数字测图原理与方法" 线下作业成绩

序号	学号	姓名	实验预做习题	导线计算	前方交会	三角高程计算	综合习题1	综合习题2	CASS使用	广场数字图	线下作业成绩汇总
1	2020b04001		88	85	50	95	78	85	85	85	81
2	2020b04003		88	75	75	93	75	93	85	85	84
3	2020b04005		83	88	83	93	88	85	85	85	86
4	2020b04009		75	50	75	50	82	85	0	0	52
5	2020b04010		0	0	50	0	65	0	0	0	14
6	2020b04011		50	50	83	95	78	75	85	0	65
7	2020b04012		50	50	83	50	0	78	0	0	39
8	2020b04013		50	50	78	50	78	75	85	0	58
9	2020b04014		88	50	50	75	75	88	85	85	75
10	2020b04015		0	0	0	0	0	85	0	0	11
11	2020b04016		88	85	95	75	85	88	85	85	86
12	2020b04017		50	50	0	50	85	85	85	0	51
13	2020b04019		0	0	0	0	78	88	0	0	21
14	2020b04020		75	65	0	93	75	65	85	0	57
15	2020b04021		65	75	0	85	88	50	0	0	52
16	2020b04022		65	65	0	93	0	50	85	0	55
17	2020b04023		85	50	75	93	85	75	85	65	77
18	2020b04024		0	0	50	0	73	0	0	0	15
19	2020b04025		0	0	0	0	75	0	0	0	9
20	2020b04026		65	20	0	88	0	0	85	65	40
21	2020b04027		0	0	0	0	0	0	0	0	0
22	2020b04028		75	83	50	93	83	78	0	0	58
23	2020b04029		93	83	95	85	88	93	85	85	88

附图 3-4 部分同学的线下作业成绩

些实验环节进行合理设计,并有效执行。

1. 教学设计

前面已经对考核指标进行了科学的设计,这里再次对于掌握技能本身进行合理设计。从大的方面来说,主要通过项目体验式教学培养学生团队合作、吃苦耐劳、实事求是、积极向上的职业核心素养。具体体现在:

(1)根据测量工作必须团队协作的特点,在课堂实习和综合实训中均安排4人一组,确保人人动手,各司其职,使得每个人在小组里都是不可或缺的,消除吃大锅饭现象,如附图3-7所示。

(2)精心设计实习内容,比如进行水准量项目时设计4个测站

测绘 20级 "数字测图原理与方法"考勤（5分）

序号	学号	姓名	3.16	4.12	4.20	4.26	4.27	5.11	5.17	5.24	5.25	6.7	6.23	考勤	百分制得分
1	2020b04001											请假	早退	4.2	84
2	2020b04003													5	100
3	2020b04005													5	100
4	2020b04009												早退	4.8	96
5	2020b04010		请假							旷课			迟到	3.6	72
6	2020b04011												早退	4.8	96
7	2020b04012												早退	4.8	96
8	2020b04013							旷课					早退	3.8	76
9	2020b04014			旷课				请假						3.8	76
10	2020b04015													5	100
11	2020b04016													5	100
12	2020b04017			旷课				请假					早退	3.6	72
13	2020b04019												早退	4.8	96
14	2020b04020													5	100
15	2020b04021												迟到	4.8	96
16	2020b04022													5	100
17	2020b04023													5	100
18	2020b04024													5	100
19	2020b04025			旷课	旷课					旷课			迟到	1.8	36
20	2020b04026													5	100
21	2020b04027													5	100
22	2020b04028												早退	4.8	96
23	2020b04029													5	100

附图 3-5 部分同学的考勤成绩

的闭合水准路线，进行角度测量项目时设计测四边形的 4 个内角，每人测 1 站，最后加起来与标准值进行比较，其中只要一个人出错就会直接影响整组的成果，这样的设计能更好地培养学生的团队合作能力。如果让同学自己随意找点测量，没有一个标准值与之比对，哪怕同学伪造数据都没办法发现，也不利于培养学生实事求是的工作作风。

（3）由于小组内成员多，导致每个同学能操作仪器的有效时间短，成果有效性很难保证。为此采取了以下两项措施：

其一，事先协调排课时间，2 节课尽量安排在 3～4 节，3 节课尽量安排在 6～8 节（注：我们学校上午安排 5 节课，下午 4 节），

测绘 20 "数字测图原理与方法"课堂表现(5分)

序号	学号	姓名	3.8	3.9	3.16	4.6	3.23	3.3	4.12	4.26	总评成绩	百分制
23	2020b04029										5	100
24	2020b04030										5	100
25	2020b04031										不会	4.8	96
26	2020b04032							不带			4.8	96
27	2020b04033										5	100
28	2018b04007										5	100
29	2020b04034										5	100
30	2020b04035			良							5	100
31	2020b04038										5	100
32	2020B04039										5	100
33	2020b04041										5	100
34	2020b04042										5	100
35	2020b04043		不会								4.8	96
36	2020b04044			良							4.8	96
37	2020b04045										5	100
38	2020b04046										5	100
39	2020b04047					手机					4	80
40	2020b04048			良							5	100
41	2020b04049		中					不带			4.8	96
42	2020b04050					手机		不带			3.8	76
43	2020b04051										5	100
44	2020b04052										5	100
45	2020B04053			良							5	100

附图 3-6 部分同学的课堂表现成绩

附图 3-7 学生 4 人一组进行四等水准测量的场景

以保证不合格小组后面有时间重测,确保每组成果合格,可以避免实习只走形式不求结果的现象,同时培养学生的责任意识。

其二,课外充分采用虚拟仿真教学,让学生在电脑上利用仪器操作模拟器先练习一些仪器按键的操作,课内面对真实的仪器就能很快上手。

(4)艰苦环境下进行体验式教学,把综合实训安排在酷热的夏天,磨炼同学们的意志,培养吃苦耐劳的职业素养,如附图3-8和附图3-9所示。

附图3-8 雨中坚持水准测量

附图3-9 酷热的夏天进行测量实训

2. 具体实施

在实习教学过程中及时将结果反馈给学生,在学生上交成果时记录他们的上交时间,当场指出他们的问题并评定成绩,对分组的实训项目而言,形成你追我赶的竞争氛围,提升教学效果。当然这需要牺牲老师的时间,如课堂上学生没能及时完成的,作为老师要等在现场,直到每个小组都完成为止。

对于原始数据有涂改、擦改、转抄现象的,发现一起,处理一起,即马上要求重新观测,保证测量数据的客观性。

若小组成果不合格,先让学生自己找原因,若学生自己也不清楚问题究竟出在哪里,则帮助他们分析查找原因,并要求课后补做，符合让学生"忙"起来的理念。

另外对实验成绩不满意的小组给予重做的机会（利用周三下午或者其他没课的时间去借仪器），之后更新他们小组的实验成绩，引导学生积极向上、努力改进、精益求精的素质养成。

技能（实验）的最后评价结果如附图 3-10 所示。

测绘 20 级"数字测图原理与方法"实验成绩

序号	学号	姓名	普通水准	四等水准	水准仪检校	测回法测角	方向法测角	竖直角边长	全站仪导线	碎部点采集	实验平均成绩
1	2020b04001		78	85	85	83	88	93	93	85	86
2	2020b04003		78	88	88	85	83	85	85	65	82
3	2020b04005		78	85	85	83	88	93	93	85	86
4	2020b04009		75	65	85	50	50	60	50	0	54
5	2020b04010		78	85	85	83	88	93	93	85	86
6	2020b04011		65	65	93	88	50	78	0	50	61
7	2020b04012		75	65	85	50	50	60	50	0	54
8	2020b04013		75	65	85	50	50	60	50	0	54
9	2020b04014		75	93	83	83	88	75	85	78	83
10	2020b04015		83	85	93	83	65	50	65	75	75
11	2020b04016		75	93	83	83	88	75	85	78	83
12	2020b04017		75	65	85	50	50	60	50	0	54
13	2020b04019		65	65	93	88	50	78	0	50	61
14	2020b04020		93	93	93	93	93	93	93	75	91
15	2020b04021		78	88	88	85	83	85	85	65	82
16	2020b04022		78	88	88	85	83	85	85	65	82
17	2020b04023		83	85	93	83	65	50	65	75	75
18	2020b04024		78	88	88	85	83	85	24	65	75
19	2020b04025		65	65	93	88	50	78	0	50	61
20	2020b04026		65	65	93	88	50	78	0	26	58
21	2020b04027		83	85	93	83	65	50	65	75	75
22	2020b04028		93	93	93	93	93	93	93	75	91
23	2020b04029		75	93	83	83	88	75	85	78	83

附图 3-10　部分同学的技能（实验）成绩

（三）知识方面

知识部分就体现在最后统一的期末试卷上，题目覆盖所有章节，题型多样，能较全面地反映学生的理论水平，这里就不做展开。

附录三　隐性融入法——"知识＋技能＋态度"三位一体考核

本课程围绕"知识＋技能＋态度"三位一体考核，变"终结性"考核为"过程性"考核，注重学生态度、合作能力方面的培养，以及对学生态度、合作能力的量化考核，提高学生学习的效率和学习积极性，全面检测与客观评价学生的学习过程与学习效果。经实践，三位一体考核效果良好，可以作为育人的有效手段。

参 考 文 献

[1] 张妍. 高校人才培养模式的概念、问题与发展策略 [J]. 天津市教科院学报, 2019 (6): 36-40.

[2] 徐金寿, 万军. 课程思政指南——以浙江水利水电学院为例 [M]. 北京: 中国水利水电出版社, 2021.

[3] 苗东升. 论系统思维 (三): 整体思维与分析思维相结合 [J]. 系统辩证学学报, 2005 (1): 1-5.

[4] 尤文静. 关于体验式教学的思考 [J]. 内蒙古财经学院学报 (综合版), 2012 (3): 35-39.

[5] 黄衍. 体验式教育的原理与应用研究 [D]. 上海: 上海师范大学, 2014.

[6] 徐朔. 项目教学法的内涵、教育追求和教学特征 [J]. 职业技术教育, 2008 (28): 5-7.

[7] 徐平. 美国合作教育的基本模式 [J]. 外国教育研究, 2003 (8): 1-4.

[8] 林格. 教育就是培养习惯 [M]. 北京: 清华大学出版社, 2020.

[9] 崔华前. 论荀子对中国传统道德教育思想的贡献 [J]. 学习论坛, 2005 (5): 72-76.

[10] 杨光富, 张宏菊. 案例教学: 从哈佛走向世界——案例教学发展历史研究 [J]. 外国中小学教育, 2008 (6): 1-5.

[11] 王春化. 教学设计的理性及其限度 [D]. 济南: 山东师范大学, 2014.

[12] 何善亮. 注意力曲线的内涵及其教学意蕴 [J]. 教育科学研究, 2017 (5): 44-48.

[13] 黄惠萍. 新时代大学生信念的困惑与引导——基于社会主义核心价值观教育与实践 [J]. 当代教育实践与教学研究, 2018 (9): 179-181.

[14] 刘兴华. 新时代大学生社会主义核心价值观认同培育探索 [J]. 学校党建与思想教育, 2021 (3): 53-55.

[15] 李梁. 信息技术与思政课教育教学的深度融合研究 [D]. 上海: 上海大学, 2016.

[16] 刘锐. 高校思政理论课多媒体课件设计理论与实践——以《思想道德修养与法律基础》课为例 [D]. 杭州: 浙江工业大学, 2013.

[17] 孙明悦. 认知负荷理论视角下翻转课堂中的知识教学研究 [J]. 教育探索,

2022（5）：25-28.

［18］ 李媛. 基于MOOC推进大学课堂教学改革策略探讨［D］. 桂林：广西师范大学，2015.

［19］ 李雁冰. 论综合素质评价的本质［J］. 教育发展研究，2011（24）：58-64.